Gertraud Radke: Unsere Tiere – Botschafter der Liebe

Gertraud Radke

Unsere Tiere
Botschafter der Liebe

*Die Bedeutung der Tiere
im Plan des Lebens*

Aquamarin Verlag

2. Auflage 2008
© Aquamarin Verlag
Voglherd 1 • D-85567 Grafing
www.aquamarin-verlag.de

Wir danken folgenden Verlagen für eine Abdruckgenehmigung:
Kap. II: Sylvia Barbanell, *Wenn Deine Tiere sterben*, © Artha Verlag,
           Oy-Mittelberg
Kap. III: Monica D'Ambrosio/Stefano Apuzzo, *Auch Tiere haben Seelen*,
           © Aquamarin Verlag, Grafing
Kap. IV: Jamie Sams/David Carson, *Karten der Kraft*, © Windpferd Verlag,
           Aitrang

Umschlaggestaltung: Annette Wagner
Druck: Bercker • Kevelaer
ISBN 978-3-89427-395-8

Inhalt

Widmung

Für alle die Menschen,
die in Liebe mit einem Tier verbunden sind, aber
deren Liebe überschattet wird von der Sorge,
den geliebten Gefährten eines Tages zu verlieren
und dann in hilfloser Trauer zurückzubleiben.

Für alle jene Tiere,
die großen Schmerz empfinden,
weil ihre Seelen darauf warten,
eines Tages in ihrem Wesen verstanden zu werden.

Für Simba,
meinen glücklichen Freund,
der so viel Liebe in mein Leben bringt.

I.

Einleitung

Der bedeutende Dichter Graf Tolstoi ist bis zum heutigen Tag das anerkannte 'Gewissen Russlands'. Er war nicht nur ein großer Philanthrop, sondern auch ein großer Verfechter des Rechtes der Tiere in der Zivilisation. Er besaß eine Einsicht in die große „Ganzheit des Lebens" und hatte verstanden, dass nicht ein Teil dieser Ganzheit von einem anderen Teil misshandelt werden kann, ohne dass dies Auswirkungen auf das Wohlbefinden aller hat. Die Tiere sind ebenso Geschöpfe Gottes wie die Menschen – sie sind gleichsam die „jüngeren Geschwister" in der Evolution.

In den letzten einhundert Jahren hat die geisteswissenschaftliche Forschung eine Fülle an überzeugenden Indizien hervorgebracht, die belegen, dass auch die Tiere den Tod ihrer physischen Hülle überleben. Tiere stehen auf einer anderen Entwicklungsstufe im großen Evolutionsplan des Lebens, aber sie haben ein gleiches Anrecht auf liebevolle Fürsorge und gute Pflege wie die Menschen, die es sich als eine Spezies ganz selbstverständlich zugestehen. Es war – und ist – eine der größten Tragödien der Menschheitsgeschichte, dass in der Fehldeutung des alten hebräischen Genesis-Textes vom „Sich-untertan-machen der Schöpfung" die Tiere und alle Naturreiche rechtlich in den Bereich der „Sachen" abgestuft wurden. Dies ist weitgehend, auch in den großen Kulturnationen, noch heute so. Damit gerieten die Tiere in der Rechtssprechung, vor allem aber im allgemeinen Bewusstsein, in ein Hintertreffen, aus dem sie sich bis heute nicht befreien konnten. Wenn in späteren Jahrhunderten einmal eine ‚zivilisiertere' Menschheit auf unsere Epoche zurückblicken wird, so werden diese Dinge, neben der allgemeinen gesellschaftlichen Verrohung, als besondere Schandflecke einer unerleuchteten Ära betrachtet werden.

Wie sich nachstehend zeigen wird, besteht eine überaus enge Symbiose zwischen Tier und Mensch, vor allem was die Beziehung zu unseren Haustieren anbelangt. Die Tiere entwickeln sich in ihrem Charakter entscheidend über das liebevolle Verhältnis mit ihrem Herrchen oder Frauchen. So bildet sich ein Band zwischen Mensch und Tier, das, wie die vielen folgenden Fallbeispiele überzeugend belegen werden, weit über den physischen Tod hinausreicht. Viele Tiere, die sehr geliebt wurden, umgeben auch nach ihrem Tod, oft für eine lange Zeit, ihre einstigen Besitzer. Dabei können sich wundersame Begegnungen ergeben, wie vor allem die in Kap. III überlieferten Erlebnisberichte belegen. Die Liebe knüpft ein Band, das weit über den Tod hinaus in eine jenseitige Welt reicht.

Tiere drücken in ihrem einzigartigen Wesen Eigenschaften aus, die auf seltsame Weise menschliche Qualitäten gleichsam zu spiegeln scheinen. Daher kommt es redensartlich zu zahllosen Formulierungen, in denen Tiere als Symbol für menschliche Charakterzüge herangezogen werden. Man spricht davon, dass jemand ein „schlauer Fuchs" ist oder „fleißig wie eine Biene". Ein Einzelgänger kann aber auch ein „einsamer Wolf" sein oder ein nicht sonderlich aktiver Zweibeiner ein „rechtes Faultier". Diese Reihe ließe sich fortsetzen, weshalb diesem Bereich nachstehend ein eigenes Kapitel (Kap. IV) gewidmet ist.

Das Verhältnis von Mensch und Tier wird, mit einem sich allmählich wandelnden Bewusstsein der Menschheit, so bleibt zu hoffen, in ein neues Stadium eintreten. Das Tier wird als eigenständiges göttliches Geschöpf anerkannt, und nicht vorrangig unter dem Nahrungsmittel-Gesichtspunkt betrachtet werden. Tiere werden eine bessere Versorgung erfahren. Wenn alle diese Veränderungen breite gesellschaftliche Kreise erreicht haben werden, dann wird sich das Verhältnis von Mensch und Tier wieder im Rahmen der göttlichen Gesetzmäßigkeit bewegen. Dann können die Tiere wieder ihre eigentliche Aufgabe erfüllen – Botschafter der Liebe zu sein!

II.
Wenn Deine Tiere
sterben

Das persönliche Überleben des Todes

Der Mensch überlebt den Tod. Er behält seine eigene Individualität, sein Bewusstsein, seinen Charakter und sein Gedächtnis. Für diese Tatsache gibt es unwiderlegbare Beweise.

Wer ernsthaft und ohne Vorurteile nach der Wahrheit sucht, dem werden zahllose Beweise für ein Fortleben nach dem Tode gegeben. Seit es den Physikern gelang, das Atom zu spalten, hat die moderne Wissenschaft manche ihrer Ansichten über die Beschaffenheit der stofflichen Materie ändern müssen. Kein angesehener Wissenschaftler wird heute bestreiten, dass die feste Form der stofflichen Materie eine Illusion ist. Die Physiker haben bewiesen, dass feste Materie in Wirklichkeit aus einem Mikrokosmos winziger, elektrisch geladener Teilchen besteht.

Aufgrund dieser Einsichten müssen wir auch die Beschaffenheit unserer physischen Körper im Lichte dieser neuen Erkenntnisse betrachten und sie in der Form von elektronischen Ausstrahlungen sehen. Unsere scheinbar festen Körper, wie auch unsere Möbel und alle unsere Gebrauchsgegenstände, können aufgelöst und in nicht-stoffliche, „elementare" Substanzen verwandelt werden.

Die Physiker haben dem Materialismus den Todesstoß versetzt. So schwer es auch sein mag, die Ergebnisse jahrelanger geduldiger Forschungen beiseite zu schieben, der aufrichtige Wissenschaftler muss der Wahrheit nachspüren und ihr folgen – wohin sie auch führen mag.

Materie an sich ist unzerstörbar. Ein Stück Papier kann verbrannt, aber nicht zerstört werden. Es hat nur seine Form verändert, und auch die Asche kann in Chemikalien umgewandelt werden. Etwas Bestehendes kann sich nie in „Nichts" auflösen. In diesem Sinne ist Materie ewig.

Der Tod tritt ein, weil das innere Leben den stofflichen Körper verlassen hat. Es existiert auf einer anderen Daseinsebene weiter. Diese Tatsache ist immer wieder von Verstorbenen bewiesen worden, die zurückkehrten, um zu zeigen, dass der Tod sie nicht ihrer Individualität beraubt hat.

Das Geheimnis des Lebens kann nicht mit materiellen Begriffen erklärt werden.

Der berühmte Wissenschaftler Sir Oliver Lodge erklärte einmal: „Meine Hypothese ist, dass sie (die Toten) überall um uns herum sind und ihre Existenz eher im sogenannten Raum-Äther als in der Materie weiterführen; dass also eine Verbindung und gegenseitige Verständigung noch immer möglich ist...“

Welcher Teil der individuellen Persönlichkeit ist es nun, der aus dem Jenseits zurückkehrt, um die erhabene Wahrheit des Fortlebens zu demonstrieren? Es ist der unzerstörbare Geist, das wahre „Ich“, das den abgelegten persönlichen Körper in einer neuen Lebensphase nicht mehr benötigt.

Die Rolle der Tiere in der Evolution

Die Persönlichkeit, die sich durch die abgestoßene Ansammlung von Ausstrahlungen – den physischen Körper – äußerte, bleibt genau dieselbe. Der Tod ändert weder Persönlichkeit noch Charakter.

Die Menschen gehören, genau wie ihre auf einer niedrigeren Stufe stehenden Brüder und Schwestern, dem großen Reich der „Tier-Welt“ an. Sie haben gemeinsame Ahnen; ihre Entwicklung ist verschieden, aber sie entspringen demselben Ursprung. Wo liegt der Grund zu der Annahme, der Unterschied sei so groß, dass der eine Zweig den Tod überdauert, während der andere, der gleichen Wurzel entsprungen, vergehen soll?

Das menschliche Knochengerüst besteht aus der gleichen Substanz wie jenes der Tiere. Wir atmen in der gleichen Weise ein und aus. Die Anatomie des Menschen und des höheren Wirbeltieres weist viele Ähnlichkeiten auf. Evolutionsmäßig sind wir unseren Freunden aus der Tierwelt sehr eng verbunden.

Aber wohin führen unsere Forschungen, wenn wir dieses enge physische Band außer acht lassen und die geistig-seelischen Qualitäten des Menschen und des höher entwickelten Tieres untersuchen? Es gibt kein Tier, das nicht in gewisser Form weiterlebt. Aber sein Fortleben spielt sich auf einer anderen Stufe ab.

Der Mensch hat erst im Laufe vieler Jahrtausende seine geistigen Anlagen und Eigenschaften entwickelt. Zu einem gewissen Zeitpunkt seiner Entwicklungsgeschichte wurde der Mensch sich seiner selbst bewusst. Vielleicht begann er zu diesem Zeitpunkt, da er seine eigenen unbegrenzten Möglichkeiten erkannte, sich als individuelle Persönlichkeit mit individuellem Geist auszudrücken.

Mit dem ersten Dämmern eines individuellen Bewusstseins setzte die Entwicklung seiner geistigen und seelischen Qualitäten ein. Das Wachsen und Reifen dieser Anlagen brachte ihm seine Überlegenheit im Reich der Tierwelt.

Sein Evolutionsweg unterscheidet sich von dem des Tieres. Das heißt aber nicht, dass das Tier aus dieser geistig-seelischen Welt gänzlich ausgeschlossen ist. Durch den engen Kontakt mit dem Menschen hat das Haustier, das ein Kamerad des Menschen wurde, etwas von der menschlichen Individualität und der menschlichen Persönlichkeit angenommen oder aufgefangen.

Hat der Hund nicht die Qualitäten der Liebe und Sympathie, der Treue und des Vertrauens entwickelt? Er zeigt oft eine erstaunliche Intelligenz und, ganz abgesehen von seinen Tier-Instinkten, ein starkes Maß an Verstand. Ein Haustier kann menschliche Regungen wie Freude und Begeisterung, aber auch Abneigung und Misstrauen empfinden und diese deutlich ausdrücken. Im Allgemeinen sind es die Haustiere, welche durch den Kontakt mit Menschen menschliche Qualitäten angenommen haben.

Wilde Tiere und Tiere, die nicht als Freunde und Kameraden des Menschen lebten, überdauern ebenfalls den Tod, denn dasselbe natürliche Gesetz gilt für alle Lebewesen. Aber es besteht ein Unterschied in der Art ihres Fortlebens. Boten, die aus dem Jenseits zu uns sprechen, haben erklärt, dass wilde Tiere als Teile einer Gruppen- oder Herdenseele ihrer Gattungsart weiterleben.

Vielleicht war den ganz frühen, primitiven Menschenrassen auch eine solche Art „Gruppen-Seele" zu eigen. Vielleicht brachte erst das Dämmern einer „Selbst"-Erkenntnis dem menschlichen Geist Erlösung aus der Gruppen-Seele seiner Gattung und die Möglichkeit, sich zu einem selbstständigen, individuellen Geistwesen zu entwickeln.

Geist, Charakter und Individualität sind seine menschlichen Qualitäten, die den Tod überdauern und in einer anderen Existenzform Ausdruck finden. Die höherstehenden Tiere haben ebenfalls ein gewisses Maß geistigen Bewusstseins entfaltet. Auch sie leben nach dem Zerfall ihres physischen Körpers als individuelle Wesen weiter; und bei Tieren wie bei Menschen schlägt die Liebe eine Brücke zwischen den beiden Welten. Manches trauernde Menschenherz hat Trost gefunden in dem Wissen, dass sein toter Tier-Kamerad weiterlebt.

Die Beziehung von Tieren und Menschen

Dieselben Qualitäten, die den Menschen über das Grab hinaus begleiten, besitzt auch das Haustier, und genau wie der Mensch drückt es diese geistigen Eigenschaften auch nach dem Tod des physischen Körpers weiterhin aus.

Von alters her schuf sich die Vorstellung des Menschen einen Gott in seinem Ebenbild, eine Art göttlichen Übermenschen. Der Hund in seiner Demut schuf sich keinen anderen Gott als den Menschen. Beinahe jeder Hund, auch die vernachlässigtste Promenadenmischung, ist gerne bereit, sein Leben im Dienste seines eigenen geliebten „Gott-Menschen" zu opfern.

Über den allgemeinen Charakter des Hundes gibt es wohl kaum etwas Neues zu sagen. Wer je mit einem Hund Kontakt hatte, kennt und liebt sein Wesen. Die individuelle Persönlichkeit eines Hundes unterscheidet sich von der des Nachbarhundes in derselben ausgeprägten Weise, in der sich jede menschliche Persönlichkeit von der anderen unterscheidet.

Der Hund kann in seinem eigenen Wirkungskreis die gleichen geistigen Höhen erreichen wie edle Menschen. Selbstlose Liebe, hingebendes Dienen, Pflichttreue, Mut, Aufopferung und Mitgefühl – alle diese Qualitäten hat der Hund immer und immer wieder zum Ausdruck gebracht.

Oft hat er sein Leben im Dienste seines Freundes, des Menschen, geopfert – „größere Liebe kann selbst ein Hund nicht beweisen...“

Seit tausenden von Jahren hat der Hund schon engen Kontakt mit dem häuslichen Leben des Menschen. Von allen Tieren hat er sich wohl am stärksten mit ihm verbunden. Er zieht die Gesellschaft des Menschen sogar der seiner eigenen Gattung vor. Etwas Gutes muss schon in der Menschheit liegen, wenn sie den Hund zu so enger Freundschaft zu bewegen vermag!

Der enge Kontakt zwischen Hund und Mensch hat ein tiefes Verständnis zwischen den beiden geschaffen und in dem Tier ein hohes Maß an Intelligenz entwickelt. Diese hochgradige Intelligenz ist von gewissen Hundebesitzern gefördert und ausgebildet worden. Es liegen Beweise für die Tatsache vor, dass über sechzig Tiere – unter ihnen vierundvierzig Hunde – mit Hilfe eines ihnen beigebrachten alphabetischen Systems gelernt haben, ihre Gedanken klar auszudrücken.

Nachdem sie das Alphabet beherrschten und zu zählen gelernt hatten, konnten die Hunde durch Bellen, Klopfen mit den Pfoten oder einer Kombination von beidem ihre eigenen Gedanken aussprechen. Auf diese Weise konnten sie sich mit ihren menschlichen Freunden unterhalten und Meinungen austauschen.

Der hohe Grad an Intelligenz, den viele dieser Tiere an den Tag legten, hat ihnen Ruhm eingebracht. Ihre Denkkraft wurde von Wissenschaftlern und Psychologen untersucht, studiert und beschrieben. Berühmte Leute aus aller Herren Länder besuchten diese Tiere und überzeugten sich von ihrer erstaunlichen Intelligenz.

Bei der Zentrale der „Animal Defence Society" (Englische Tierschutz-Gesellschaft) liegt reichhaltige und faszinierende Literatur über diese „gebildeten Tiere" vor. Jenen Tieren ist es gelungen, Beweise eigener Individualität, ausgeprägter Neigungen und Abneigungen zu erbringen. Diese Beweise lassen keinen Zweifel mehr zu. Sie haben bewiesen, dass diese Tiere ein Gedächtnis haben und die Fähigkeit zum Nachdenken besitzen. Sie haben Humor, Verstand und manchmal auch gewisse übersinnliche Gaben gezeigt.

Was empfinden Hunde, wenn sie in Menschenaugen schauen und den Kummer der Menschen sehen?
Liebe!

War der Mensch nicht oft froh, ihn „Freund" in seiner Not zu nennen? Wie oft waren wohl Hundeaugen voller Verständnis auf ein Herrchen oder Frauchen gerichtet, das allein und gramversunken dasaß? Wie oft hat wohl ein Hund still den Kopf auf die Knie eines Menschen gelegt und ihn mit treuen Augen unentwegt angeschaut, um ihm schließlich doch ein Lächeln abzugewinnen und ihn fühlen zu lassen, dass er nicht allein sei? Hunde, ist das nicht vielleicht eure wahre Berufung?

Niemand lieb ich so wie dich,
Lieb auch mich.
Jeden Tag solltest du bei mir sein,
Ein Strahl vom Glücklichsein.

Tiere und paranormale Fähigkeiten

Manche Menschen sehen in einer Katze nichts weiter als eine lebende Mausefalle; wer aber seine Katze in den Kreis der Familie aufnimmt, wird bald merken, wie viel Intelligenz dieses Tier besitzt, wie oft es seine eigenen, selbstständigen Schlüsse zieht und nach ihnen handelt. Dieses selbstbewusste und unabhängige Geschöpf ist vielleicht das faszinierendste unserer Haustiere. Es trägt seine Gefühle nicht so offensichtlich zur Schau wie der Hund, ist aber zu tieferer Anhänglichkeit und Zuneigung fähig.

Die allgemein verbreitete Ansicht, Katzen hingen eher an der Behausung als an den Menschen, bewahrheitet sich nur in Ausnahmefällen. Katzen, die mit der Familie umsiedeln, leben sich schnell in ihrer neuen Umgebung ein. Hinter gelegentlichen Versuchen, verlassene Heimstätten wiederzufinden, liegen meistens triftige, oft mit menschlichen Bindungen zusammenhängende Gründe.

Viele Tiere und Vögel haben angeborene, tiefwurzelnde instinktive Fähigkeiten. Ihr intuitiver Sinn ist oft sehr viel höher entwickelt als jener des Durchschnittsmenschen. Gewisse Tiere, besonders Katzen, finden unter den schwierigsten und beschwerlichsten Umständen ihren Weg nach Hause zurück.

Manche Tiere haben bisweilen die außergewöhnliche Gabe, in die Zukunft zu sehen. Dieser merkwürdige hellsichtige Sinn zeigt sich oft vor Unglücksfällen, Krankheiten oder Tod.

Menschen, die nichts vom Weiterleben nach dem Tod wissen, glauben sich oft zu überlegen, als dass sie diese Frage überhaupt ernsthaft studieren wollen. „Hellsehen", erklären sie lächelnd, „ist nichts weiter als Telepathie zwischen dem Medium und dem Auskunftsuchenden."

Das Phänomen der Telepathie ist gründlich untersucht und seine Realität oft genug bewiesen worden. Sie wird heute wohl von niemandem mehr angezweifelt. Wenn aber Telepathie dazu benützt wird, um alle Verbindung zwischen den Lebenden und den „Toten" abzustreiten, so lächeln diejenigen nur, die an die Kraft des Geistes glauben. Telepathie hilft uns, die Tatsache eines Weiterlebens zu beweisen, nicht, sie zu verneinen!

Telepathie ist eine ohne Hilfe unserer Sinnesorgane herge-stellte Gedankenverbindung. Sie beweist die Überlegenheit des Geistes über die Materie. In erfolgreichen Experimenten ist es gelungen, Gedankenübertragung über Hunderte von Meilen hinweg herzustellen. Woraus will man schließen, dass der Tod des physischen Körpers das Ende der Gedankenkräfte bedeu-tet? Da Geist der Materie überlegen ist, ist es sicher logisch anzunehmen, dass dieser Geist seine Funktion auch nach dem Tod weiter ausübt und seine telepathischen Fähigkeiten behält. Es ist in diesem Fall Telepathie zwischen dem „Geist", der den physischen Körper zurückließ, und jenem „Geist", der noch in der irdischen Hülle wohnt.

Telepathische Fähigkeiten scheinen bei Tieren of stärker ausgeprägt zu sein als bei Menschen. Haustiere haben in ih-rem Verhalten manchen Beweis für eine starke telepathische Verbindung zwischen ihnen und ihren Eigentümern erbracht.

Liebe und Sympathie zwischen einem Menschen und einem Tier fördern die Fähigkeit des Tieres, mit der Psyche seines Herrn in enge Verbindung zu treten.

Tiere im Jenseits

Haustiere aller Art sind nach ihrem Tode zurückgekehrt und haben unwiderlegbare Beweise von ihrer Existenz in einer anderen Dimension erbracht. Von diesen höherentwickelten Tieren abgesehen, haben manchmal sogar primitivere Geschöpfe der Tierwelt ihr Weiterleben bewiesen.

Es hat den Anschein, als ob jenseitige Menschen „toten" Tieren helfen, sich uns zu zeigen. Auch „toten" Kindern stehen erfahrene Erwachsene zur Seite, denn genau wie im Erdenleben, sind Kinder und Tiere auch im Jenseits auf besondere Hilfe angewiesen.

Reverend V.G. Duncan, ein Pfarrer der englischen Staatskirche, besuchte mehrere Séancen von Medien. In seinem Buch „Proof" (Beweis) beschreibt er, wie eine Dame Beweise für das Fortleben eines Hundes und einer Katze erhielt. Andrew Wallace, ein jenseitiger Helfer der Medien, wandte sich an eine Dame, eine gewisse Mrs. Stewart. In seinem stark schottischen Akzent sagte er: „Hast du nicht einen kleinen Hund bei dir, der dir auf Erden gehörte? Sein Name ist Rex."

Mrs. Stewart bestätigte, sie habe einen Hund namens Rex besessen. „Kannst du mir sagen, wie er aussieht, Andrew?", fragte sie den Geist. „Es ist ein kleines weißes Hündchen mit glattem Fell", antwortete er. „Nennt ihr sie nicht Foxterrier?" Mrs. Stewart nickte. Ja, Rex sei ein Foxterrier. „Und ein Kätzchen, das dir gehörte, ist auch hier", fuhr Andrew fort. „Kennst du es?" Die befragte Dame antwortete, sie habe eine besonders innig geliebte Katze verloren.

„Ja, so ist es", sagte Andrew. „Du hattest sie eine lange Zeit."

„Siebzehn Jahre", bestätigte Mrs. Stewart und fügte hinzu, sie habe oft über die Frage nachgedacht, ob Hunde und Katzen nach dem Tode weiterleben.

„Sie leben, solange eure Liebe für sie anhält; danach gehen sie in ihre eigene Welt."

´Tote` Tiere sind auch des öfteren in ganz gewöhnlicher Umgebung, unter ganz normalen Umständen gesehen worden. Manchmal sind solche Erscheinungen sogar für körperlich lebende vierbeinige Mitglieder eines Haushaltes gehalten worden.

Eine Dame berichtet in „Psychic News" folgendes Erlebnis ihres Mannes, eines Anwalts: „Meinem Mann war jede Beschäftigung mit jenseitigen Dingen fremd. Er hatte sich nie mit okkulten Themen beschäftigt. Im Gegenteil, er hatte ein Vorurteil gegen all diese Dinge."

Eines Tages besuchte der Anwalt das ihm ganz fremde Landhaus einer neuen Klientin. Bei seiner Rückkehr erzählte er seiner Frau von einem reizenden Hund, der vor seiner Klientin herlief, ab und zu stehen blieb und zu seiner Herrin aufschaute. „Ich kann mich nicht erinnern, je einen Hund mit einem so schönen Kopf und mit solcher Liebe in den Augen gesehen zu haben", sagte er.

Später, als die Klientin eine Etagenwohnung in London gemietet hatte, besuchten sie der Anwalt und seine Frau. Als sie zusammen beim Tee saßen, fragte der Anwalt seine Gastgeberin: „Wo haben Sie Ihren Hund gelassen?" Nach einer kurzen Pause antwortete sie etwas schroff: „Ich habe keinen Hund."

Als der Anwalt das Zimmer einen Augenblick verlassen hatte, sagte die Klientin zu seiner Frau: „Ich muss mich für meine Schroffheit entschuldigen. Ich bin wohl in Bezug auf Hunde etwas sentimental, aber ich hatte ein so schreckliches Erlebnis mit einem Hund, den ich über alles in der Welt liebte, dass ich nie in meinem Leben einen anderen Hund haben möchte. Als der erste Weltkrieg ausbrach, ging ich als Fahrerin eines Sanitätswagens nach Frankreich und ließ meinen Hund in der Obhut meiner Eltern zurück. Während meiner Abwesenheit schlossen meine Eltern das Landhaus und zogen nach London. Sie überließen die Pflege des Hundes ihrem damaligen Aufseher, der das Tier hungern ließ und es misshandelte. Als ich zurückkam, war es zu spät, den Hund zu retten. Er starb in meinen Armen."

„Was für ein Hund war es?"
„Ein weißer schottischer Terrier."
Kurz nach dieser Unterhaltung verabschiedete sich das Ehepaar. Kaum waren sie aus dem Haus, da wandte sich der

Anwalt an seine Frau und sagte: „Merkwürdig, das mit dem Hund! Ich könnte beschwören, dass ich in dem Landhaus einen Hund sah!"

„Was für einen Hund hast du denn gesehen?"

„Einen weißen schottischen Terrier."

Viele Beweise zeugen dafür, dass die höherentwickelten Tiere, weil sie im diesseitigen Leben mit Menschen Verbindung hatten, auch im Jenseits ihre Individualität bewahren.

Wie lange sie in ihrer Tierform weiterleben, wird vielleicht von verschiedenen Faktoren abhängen, wie zum Beispiel dem Grad des erreichten Bewusstseins oder der Stärke ihrer Bindung zum Menschen. Mit der Zeit mag sich das Band der Liebe, das ein Tier mit einem Menschen verbindet, aus diesen oder jenen Gründen lockern.

Botschaften aus der geistigen Welt

Das Weiterleben von Tieren als Tiere mag nicht so dauerhaft sein wie das Weiterleben von Menschen in ihrer menschlichen Individualität, und die unbegrenzten Möglichkeiten des Menschen, sich in alle Ewigkeit von Stufe zu Stufe immer höher zu entwickeln, mögen dem Tier nicht in der gleichen Weise offen stehen.

Das heißt jedoch nicht, dass Fortschritt den niedrigeren Lebensformen verschlossen bleibt; ihre Entwicklung mag allerdings eine Richtung einschlagen, die von der des Menschen abweicht.

Verschiedentlich haben hochstehende Geister aus dem Jenseits, deren Weisheit den größten Respekt verdient, ihre Ansichten über einige dieser Probleme bekanntgegeben.

Wenn man alle Theorien beiseite lässt, kann als Tatsache angenommen werden, dass der Kontakt zwischen Mensch und Tier auch im Jenseits weiterbesteht, solange das Band gegenseitiger Liebe sie verbindet und beide wünschen, dass der Kontakt aufrechterhalten bleibt.

Wenn Mensch und Tier beide im Jenseits sind, werden sie wohl kaum alle ihre Zeit zusammen verbringen. Ist es nicht auch auf Erden so? Der Lauf des täglichen Lebens bringt Trennungen von Menschen mit sich, die uns nahe stehen – und Trennungen von Tieren.

Jenseitige Helfer versichern, dass es zwischen Mensch und Tier im Jenseits keine Barrieren gibt, wenn beide einander suchen. Wo das Band der Liebe noch besteht, gibt es wohl keinen Zweifel, dass ein in das Jenseits kommendes Tier von seinen vorangegangenen menschlichen Freunden empfangen und betreut wird. Ein vor seinem Eigentümer „sterbendes" Haustier wird im Jenseits oft von den Menschen begrüßt und aufgenommen, die dem Eigentümer auf Erden nahestanden. Das ist ein selbstverständlicher Freundschaftsdienst.

Abgesehen von Tieren, die im Jenseits von Angehörigen oder Freunden ihrer Eigentümer empfangen werden, gibt es natürlich viele, denen ein so persönlicher Kontakt versagt bleibt. Aber auch für solche ist gesorgt. Manche Menschen im Jenseits haben es sich zur besonderen Aufgabe gemacht, unsere „geringeren"

27

Brüder liebevoll aufzunehmen und ihnen zu helfen, damit sie sich an ihre neue Daseinsform gewöhnen. Viele Tiere sind auch in der nächsten Welt auf menschliche Liebe angewiesen. Wäre nicht ein Hund in einer Welt ohne Menschen vollkommen verloren?

Nicht nur Haustiere oder Tiere mit besonderem Kontakt zu Menschen finden im Jenseits ihre eigene Sphäre. Alle Tiere gehen mit dem Tod ihres physischen Körpers auch in ihre Tiersphäre über. Sie werden naturgemäß von jener geistigen Umwelt angezogen, die dem Grad ihres Bewusstseins, ihren Bedürfnissen und den Umständen ihres „Todes" am meisten entspricht.

Hier sollte ergänzt werden, dass die verschiedenen Sphären des Jenseits keine abgegrenzten Territorien im geographischen Sinne bilden. Es sind Lebensbedingungen und Umwelten, die in ihren mannigfaltigen Eigenschaften die entsprechenden Seelen anziehen.

Bewohner einer ihrer Natur entsprechenden Sphäre können sich aber auch in anderen Reichen bewegen; so kann z.B. eine Seele, die sich in eine höhere Sphäre entwickelt hat, zu den Bewohnern einer niedrigeren Region herabsteigen, um ihnen zu helfen.

Viele Menschen im Jenseits haben sich die Tiersphäre als Arbeitsfeld gewählt. Manche besuchen sie, andere leben in ihr. Sie finden Frieden und Freude in der Erfüllung ihrer Pflichten im Dienst an der Tierwelt. Manches vor seinem Besitzer „gestorbene" Haustier braucht die liebevolle Fürsorge eines menschlichen Wesens, und so mögen manche dieser Helfer die Aufgabe übernommen haben, „toten" Tieren den Kontakt mit ihren Besitzern auf Erden zu ermöglichen und trauernden Erdenmenschen zu beweisen, dass ihre geliebten Tiere so lebendig sind wie je zuvor.

Andere möchten vielleicht eine Versündigungen gegen die Tierwelt wiedergutmachen. Wer gedankenlos frei lebende Tiere „getötet" hat, mag zum Beispiel als Sühne den vielen Tierseelen beistehen, die, in irdischen Schlachthäusern „getötet", in ihrer neuen Umgebung erwachen. Er mag ihnen helfen, sich in ihrer neuen Daseinsform zurechtzufinden und sie zu den grünen Feldern führen, auf denen auch sie ihren Frieden finden und wo sie nie wieder die Schrecken des Schlachthauses durchleben müssen.

Nach unabänderlichen göttlichen Gesetzen wird jede Menschen- und Tierseele im Jenseits für jedes an ihr verübte Unrecht, für jeden unschuldig erlittenen Schmerz entschädigt werden.

Viele werden fragen: „Was geschieht mit ´toten` Tieren, die nie Kontakt mit Menschen und keinerlei Gelegenheit hatten, auch nur das erste Dämmern eines individuellen Bewusstseins zu erwecken?" Was geschieht mit den ungezählten freilebenden Tieren unserer Erde? Was wird aus den Vögeln der Luft, aus den Insekten? Was erwartet Tiere, deren einziger Kontakt mit Menschen darin bestand, dass sie zu seiner Ernährung gezüchtet und geschlachtet wurden. Was wird aus jenen Tieren, die Jägern als Beute dienten?

Es gibt keine Beweise für ihr persönliches, individuelles Weiterleben, wie es für höher entwickelte Tiere mit individuellem Bewusstsein der Fall ist. Aber selbst die primitivsten Lebewesen existieren in der einen oder anderen Form weiter, denn der „Tod" der stofflichen Hülle kann das Leben nicht auslöschen.

Da diese Wesen noch zu ungenügend entwickelt sind, um den Menschen ihre fortdauernde Existenz selbst zu beweisen, muss er sich auf die Auskünfte von Helfern im Jenseits verlassen.

Tierseelen und Menschenseelen

Die allgemeine Auffassung ist, dass Geschöpfe der Tierwelt in ihre eigene Sphäre eingehen. Raubtiere aber, so wurde gesagt, fallen nicht mehr über andere Tiere her; der Instinkt, der sie dazu getrieben hat, erlischt. In derselben Weise fallen die unangenehmen Eigenschaften der Parasiten und des Ungeziefers weg. Bäume geben den gefiederten Geschöpfen ihre natürliche Wohnstätte, und Blumen sorgen für ihren Lebensnektar.

Tiere haben keine Seelen in dem gleichen Sinne wie Menschen; aber sie haben ein zweites „Selbst", das mehr oder weniger ein Ebenbild ihres Tier-Selbst ist – in der gleichen Weise, wie die menschliche Seele ein Ebenbild des Menschen in seiner physischen Hülle ist.

Dieses „Innere Selbst" ist eine vorwärtsstrebende Wesenheit, nur auf einer niedrigeren Stufe. Der sie beseelende Lebensfunke entspringt demselben „göttlichen Amboss" wie jener des Menschen. Da aber diese Lebensessenz durch anders geartete

Kanäle fließt, liegt ihre Entwicklung auf einer anderen Ebene. Daher sind die Tiere selbst in dieser Sphäre dem Menschen untertan.

Liebe ist das Grundprinzip allen Lebens. Der Tod kann die Stimme der Liebe weder in Menschen noch in Tieren zum Schweigen bringen. Liebe ist die treibende Kraft des Universums. Liebe leitet alles Leben; und Liebe sucht – durch den Menschen – Auswirkung auf alle Kreaturen, seien sie der Menschheit ebenbürtig oder untergeordnet.

Die Liebe des Menschen für evolutionsmäßig niedrigere Wesen – den Hund, die Katze und andere dem Menschen nahestehende Tiere – kann mit dem „Tod" nicht erlöschen. Liebe bestimmt die Fortdauer des Lebens, denn die Liebe selbst währt ewig.

Von einer gewissen Stufe an weicht die Evolution des Tieres unweigerlich von der des Menschen ab. Nach irdischer Zeitrechnung mag dies erst nach hunderten oder tausenden von Jahren geschehen; denn Menschengeist und Tiergeist entwickeln sich mit verschiedener Geschwindigkeit, und so kommt die Zeit, da das Tier zurückgelassen werden muss, weil es mit dem rastlos zum Licht drängenden menschlichen Geist nicht Schritt halten kann.

Eine geistige Botschaft dazu lautet:
„Wenn ihr die stoffliche Hülle abgestreift und euch den Umständen eures neuen geistigen Lebens angepasst habt, wenn ihr erkannt habt, dass alle euch an die Erde fesselnden Bande gelöst sind, wird euch ein Drang zu weiterer höherer Entwicklung

beseelen und der Wunsch, eure innewohnende Göttlichkeit zu entfalten. Ihr werdet danach streben, alle Gaben zu entfalten, deren Ausübung euch zu höheren Diensten befähigt. Je höher ihr in dieser Sphäre geistigen Fortschritts steigt, desto schwieriger wird es für das Tier, euch zu folgen; und so wird das Band der Liebe allmählich schwächer. Die Flamme, die diese Liebe entzündete und jenseits des Grabes nährte, flackert und geht schließlich in der Gruppenseele der Gattung auf.

Das Tier hat als Gruppe die Stufe der Evolution erreicht, auf der die Gruppe als Ganzes individualisiert wird; sonst wäre es nicht mehr Tier, sondern hätte die Stufe der Menschheit erreicht. Da ihr aber dem Tier in seiner Evolution einen Sprung vorwärts ermöglicht und durch eure Liebe seinen Fortschritt fordert und anspornt, muss es zu der Gruppe zurückkehren, aus der es entsprang."

Das Tier fördert den Fortschritt der Gruppenseele, es beschleunigt die Evolution seiner Gattung, fügt dem Ganzen seinen Beitrag hinzu und bereichert es damit. Es ist das Opfer des Einzelwesens für das Wohl der Gruppe. Je mehr solcher Opfer gebracht werden, desto schneller steigt die Gruppenseele zu der Stufe hinauf, auf der sie das Tierstadium hinter sich lässt und reif wird, individuelle Seelen in menschlicher Form zu bilden.

Dies findet man bereits alles in den Lehren des Jesus von Nazareth, wenn man sie richtig anwendet. Er lehrte den goldenen Grundsatz der Liebe, und kein Mensch, der Liebe in seinem Herzen trägt, ist der Grausamkeit gegen andere Lebensformen fähig.

Wie Goethes Wort von den „zwei Seelen" in des Menschen Brust sich doch immer wieder bewahrheitet! Der Mensch, Gottes herrlichster Erfolg – Gottes bitterster Fehlschlag, kann zu außerordentlichen Höhen aufsteigen oder in den Sumpf tiefster Erniedrigungen hinabsinken.

„Zwei Seelen" im Menschen! Wehe dem Fremden, der seinem geliebten Hund auch nur ein Haar krümmt! Derselbe Mensch aber bleibt den Grausamkeiten gegenüber, die Hunden auf dem Vivisektionstisch zugefügt werden, vollkommen unberührt! Allein der Gedanke, sein eigener Hund könne so behandelt werden, lässt ihn zornentbrannt aufbegehren und erfüllt ihn mit Schmerz und Entsetzen. Aber der fremde gequälte Hund im Labor? Ist er nicht oder war er nicht auch der geliebte Kamerad eines Menschen oder hätte es vielleicht sein können?

Wenn man einen gutmütigen Durchschnittsmenschen diesen krassen Unterschied vor Augen hält, wird er ihn anerkennen und sagen: „Ja, ich weiß von diesen Dingen. Sie sind entsetzlich, und ich ziehe es vor, gar nicht an sie zu denken. Aber Vivisektion leistet der Menschheit große Dienste! Man muss an die Entdeckungen denken, die durch sie gemacht werden – an die Krankheiten, an die Heilmittel und an die Schmerzen, für die Linderungsmittel gefunden werden. Alles durch Versuche an Tieren! Zuckerkrankheit, Tollwut und viele andere Gebrechen sind mit Hilfe solcher Experimente besiegt worden."

Der Menschheit kann kein anhaltender Segen aus der Ausbeutung hilfloser Geschöpfe entstehen. „Was moralisch falsch ist, kann wissenschaftlich nicht richtig sein", kann mit absoluter Wahrheit behauptet werden.

Die Heilmittel für unsere Krankheiten und Gebrechen sind alle da, die Natur hat für alles vorgesorgt. Viele Krankheiten würden allein durch die Bekämpfung von Schmutz und Armut verschwinden. Ein besseres Verständnis für Hygiene und ihre Anwendung könnte gefürchtete Seuchen für immer beseitigen.

Es steht absolut fest, dass durch quälende Experimente an Tieren keine Heilmittel gegen menschliche Krankheiten gefunden werden können. Viele Gebrechen sind nur dem Ungehorsam gegen natürliche Lebensgesetze zu verdanken.

Mit dem Übergang in die nächste Welt geht mancher Seele ein „Licht" auf. Sie blickt mit dem größeren Verständnis, das sie im Jenseits erlangt, entsetzt und von Reue erfüllt auf die Grausamkeiten zurück, die Menschen in ihrer Unwissenheit an Tieren verüben.

Das Wissen um das Fortleben nach dem Tod bringt eine große persönliche Verantwortung mit sich. Der Mensch erkennt, dass er den Konsequenzen seiner Taten nicht entrinnen kann und seine Lebensweise hier auf Erden den Charakter bildet, den er in das Jenseits mitnehmen wird.

Oft erkennen Menschen erst dann die Verantwortung, die sie durch ihr gedankenloses Geschehenlassen aller möglichen Grausamkeiten an Tieren auf sich laden, wenn sie gezwungen werden, über diese Dinge ernsthaft nachzudenken.

Vegetarismus

Zwei Seelen im Menschen! Er wird sich in poetischen Rhapsodien über die Lämmchen auf grüner Weide, so freudig um ihre Mütter herumspielend, ergehen und zum Abendessen mit gedankenlosem, aber herzhaftem Appetit „gebratenes Lamm" verzehren!

Wie viele Truthähne, Gänse und andere Vögel werden als besonders leckere Weihnachtsbraten ausschließlich zu diesem Zweck aufgezogen und getötet! Diese Geschöpfe werden geschlachtet, um die Geburt Christi zu feiern, die menschgewordene Verkörperung der Liebe zu allen lebenden Wesen, die, von demütigen Tiere umgeben, in einem Stall das Licht der Welt erblickte!

Freut es Christus, so fragt man sich oft, dass so viele Lebewesen sterben müssen, um Christenmenschen an seinem Geburtstag zu erfreuen?

Wie die meisten Sensitiven, so war auch Gladys Osborne allen Schwingungen gegenüber, die aus verschiedensten Gründen die Atmosphäre eines Ortes erfüllen können, äußerst empfänglich. In „Psychic News" erzählte sie von der plötzlich auftretenden tiefen Depression und dem drückenden Angstgefühl, das sie jedes Mal überfiel, wenn sie durch eine gewisse Gegend Nord-Londons ging.

Wenn sie ein Buch in der Leihbibliothek umtauschen wollte, führte ihr Weg immer an jener Ecke vorbei. So froh und heiter sie auch das Haus verlassen haben mochte, sobald sie diese Stelle erreicht hatte, legte sich dieselbe Beklemmung auf ihr Gemüt und verging erst nach geraumer Zeit.

Sie versuchte, sich diese merkwürdige Tatsache zu erklären, konnte aber keinen persönlichen Grund für ihr Unbehagen finden. Sie stellte fest, dass es sie stets übermannte, wenn sie an einer hohen Ziegelsteinmauer mit großen eisernen Toren vorbeikam. Die Mauer umschloss ein riesiges Gelände, auf dem eine Fabrik oder ein Lagerhaus zu stehen schien.

Eines Tages ging Mrs. Osborne zu einer anderen Zeit zur Bibliothek. Als sie die Ziegelmauer erreichte, standen die eisernen Tore weit offen. Durch die Tore wurde eine Anzahl junger Stiere getrieben. Sie fragte einen Passanten: „Was ist dies für ein Gebäude?" Die Antwort gab ihr hinreichende Erklärung für ihre Angst- und Depressionsgefühle: Es war ein großes Schlachthaus!

Es war nicht verwunderlich, dass ein sensitives Medium wie Mrs. Osborne die Schwingungen in der Atmosphäre eines Ortes auffing, an dem so viele Tiere geschlachtet wurden.

Viele werden vielleicht fragen, was mit den Astralleibern von Tieren geschieht, die oft in voller Jugendkraft getötet werden, um den Appetit auf Fleischgerichte zu sättigen.

Medien, die in Trance oder im Schlafzustand die Tiersphäre besucht haben, erzählen von ihren Erlebnissen in der Astralwelt dieser Geschöpfe.

Gewisse Menschen besitzen die Gabe, zu Lebzeiten ihren physischen Körper zu verlassen und im Astralleib andere Gegenden dieser Welt oder das Jenseits zu besuchen. Alle Menschen besitzen ein ätherisches „Doppel" ihres stofflichen Körpers. Dieses „Doppel" ist durch ein subtiles, den Augen unsichtbares Band mit dem physischen Leib verbunden. In der Bibel wird es das „silberne Band" genannt. Wenn dieses Band abreißt oder durchschnitten wird, tritt der Tod ein, und das wahre „Ich", das sich jetzt durch seinen ätherischen Leib äußert, beginnt seine neue Lebensphase auf einer neuen Existenzstufe.

Wenn ein Mensch zu Lebzeiten seinen stofflichen Körper verlässt, so bleibt die ätherische Verbindung zwischen physischem und astralem Körper bestehen. Wäre das nicht der Fall, würde der Mensch sterben. Dies ist der einzige Unterschied zwischen dem zeitweiligen und dem endgültigen Verlassen des stofflichen Körpers.

Viele Menschen verlassen nachts im Schlaf den physischen Körper, aber sie erinnern sich nicht immer an ihre astralen Erlebnisse. Manche Menschen aber können nicht nur ihren Körper auf Wunsch verlassen, sie können sich auch an ihre Abenteuer im Astralleib genau erinnern.

Nehmen wir zunächst die Frage des Schlachtviehs: Wenn es nicht in so großer Zahl künstlich gezüchtet würde, um die Nachfrage nach Fleisch zu befriedigen, würde sich das Problem von selbst lösen.

Tausende von gesunden Vegetariern bezeugen mit ihrer Kenntnis nahrhafter pflanzlicher Diät, dass ihr physisches

Wohlbefinden nicht von Fleischgerichten abhängt. Im Gegenteil, die meisten Menschen, die aus medizinischen oder ethischen Gründen zu rein vegetarischer Kost übergehen, finden ihren Gesundheitszustand nach kurzer Zeit merklich gebessert. Während des ersten Weltkrieges wurden und blieben viele Menschen nach der Fleischrationierung begeisterte Vegetarier, und dasselbe geschah auch im letzten Krieg.

Wenn die Menschen aufhörten, aus egoistischen Gründen Vieh zu züchten, würde sich die Zahl der Tiere ganz von selbst allmählich verringern. Die geduldige Kuh, von der Menschheit zu einer Milchspendemaschine herabgewürdigt, würde zu ihrem ursprünglichen, natürlichen Leben zurückkehren. Ihre Milch käme nur denen zugute, für die sie natürlicherweise fließt, nämlich ihren Sprösslingen. Es ist ein Irrtum anzunehmen, Kuhmilch sei zum Aufziehen von Kindern und zur Erhaltung menschlicher Gesundheit notwendig.

Der Stier hat viel unter der Herrschaft des Menschen erleiden müssen. Noch heute muss er zur Belustigung einer großen Zuschauermenge in der Arena des Stierkampfes sein Leben lassen. In vielen Ländern führt er als eine Art Fortpflanzungsmaschine ein würdeloses Dasein. Vielleicht wird dieses mächtige und stolze Tier seinen Kopf eines Tages wieder hoch tragen können, und dann werden auch die Menschen lernen, ihm ohne Scham und Scheu in die Augen zu sehen.

Ein Mensch, der um das Fortleben der Tiere nach dem Tod weiß, mag sich wohl fragen, ob er berechtigt ist, weiterhin das Fleisch von Geschöpfen zu verzehren, die lediglich gezüchtet und geschlachtet werden, um seinen Appetit zu stillen. Wenn er dann, obwohl es reichlich vorhandene wohlschmeckende und nahrhafte vegetarische Kost gibt, seinen Hunger auf Fleischgerichte unwiderstehlich findet, so ist das für jeden Einzelnen eine Gewissensfrage.

Menschen, die Fleischgerichte in ihrer Diät für absolut notwendig halten, sollten zumindest dafür sorgen, dass die Tiere vor und während des Schlachtens keinen unnötigen Grausamkeiten ausgesetzt werden.

Bevor der Fasan gebraten auf den Tisch kommt, hat er sich, von einem ungeschickten Jäger angeschossen, vielleicht noch lange herumgequält.

Die berühmte Gänseleberpastete wird aus der krankhaft geschwollenen Leber künstlich „gestopfter" Gänse hergestellt. Die lebenden Vögel sitzen in viel zu kleinen Käfigen, in denen sie sich überhaupt nicht bewegen können, und das Futter wird ihnen mittels einer Maschine gewaltsam in die Kröpfe gestopft.

Das Resultat dieser grausamen Behandlung ist eine riesenhaft angeschwollene Leber. Die Tiere werden dann getötet, und aus den krankhaft angeschwollenen Lebern wird die von allen Feinschmeckern so begehrte „Foie gras" hergestellt.

Die jüdische Schlachtmethode ist äußerst grausam und hat manchen human gesinnten orthodoxen Juden, der den Gesetzen seines Glaubens nicht zuwiderhandeln wollte, veranlasst, auf Fleischspeisen lieber ganz zu verzichten. Mit der fortschreitenden Aufwärtsentwicklung des Menschen werden die Schattenseiten der Natur allmählich immer weniger hervortreten.

Wenn die Menschheit als Ganzes die Stufe erreicht hat, auf der Liebe und Güte ihr Leben regieren, wird auch in der Tierwelt keine Grausamkeit mehr herrschen. Löwe und Lamm werden friedlich beisammenliegen!

Die meisten Menschen mögen den Löwen für den „König aller Tiere" halten, in Wirklichkeit ist er ein „kranker Mann" und hat wenig Aussicht, seine Existenz in der sich dauernd entwickelnden „organischen Zivilisation" zu behaupten. Er verkörpert noch den Grundsatz „Macht ist Recht" und wird deshalb allmählich weichen müssen.

Wenn die Symbiose allgemeines Naturgesetz geworden ist, werden sich die Tiere nicht mehr gegenseitig verschlingen. Der Mensch wird in Frieden mit seinen Nachbarn leben, und alle Geschöpfe Gottes werden seine Gaben dankbar genießen.

In der „Daily Mail" erschien folgende Geschichte: „Eine Katze, ein Hund und ein Kaninchen waren die ´Trauernden´ auf der Beerdigung des zehn Jahre alten Katers Mike in Prestwood bei High Wycombe. Mike war seines freundlichen Wesens halber allgemein bekannt und beliebt gewesen. Er hatte die seltsamsten Freundschaften geschlossen, und eine große Drossel hatte er ganz besonders innig geliebt! Monatelang hatte die Drossel jeden Tag auf Mikes Rücken gesessen und ihm mit dem Schnabel liebevoll die Ohren gekitzelt. Als Gegenleistung wusch Mike dem Vogel den Rücken. Eines Tages verschwand die Drossel, und Mike suchte überall nach seinem Freund, konnte ihn aber nirgends finden. Trauernd schlich er um das Haus und wurde eine Woche nach dem Verschwinden der Drossel von einem Autobus überfahren."

Tommy, ein Angora-Kater, ließ sich von dem Fotografen des „Toronto Star" mit einer kleinen weißen Maus zusammen fotografieren. Die beiden liebten sich innigst und spielten zusammen, als sei ihre Freundschaft die natürlichste Sache der Welt. Als der Fotograf den Eigentümer der Tiere in seinem Haus besuchte, nahm Tommy die Maus zärtlich zwischen seine Pfoten und ließ sich stolz knipsen!

Im Angesicht der Ewigkeit

Im Lichte seines Wissens um das Weiterleben der Tiere nach dem Tod mag sich der Eigentümer eines geliebten Tieres fragen: „Habe ich recht getan, es schmerzlos töten zu lassen?"

Diese Frage kann nur von dem Betroffenen selbst beantwortet werden. In vielen Fällen ist es das Gnadenvollste, ein krankes Tier zu erlösen. Man sollte sich jedoch stets vergewissern, dass es tatsächlich schmerzlos geschieht, denn viele sogenannte humane Methoden sind es nur dem Namen nach. Der Übergang in die nächste Daseinssphäre sollte dem Tier so leicht wie möglich gemacht werden. Sanfte, erfahrene Hände sollten ihm diesen letzten Dienst erweisen.

Es besteht kein Zweifel: Das Tier wird bei seinem Erwachen in der nächsten Welt sofort von denen, die es sich zu ihrer besonderen Aufgabe gemacht haben, Tieren auf diese Weise zu helfen, liebevoll in Empfang genommen.

Geistiger Trost

Die nachstehende Botschaft wurde im „Angesicht der Ewigkeit" übermittelt:

„Trauert nicht allzu sehr um eure toten Tiere – es schmerzt sie, wenn sie euch besuchen kommen. Tiere haben einfache Gemüter, in denen keine Zweifel leben. Wie Kinder nehmen sie eure Liebe vertrauensvoll entgegen. Sie werden euren Schmerz nicht verstehen, denn sie leben ja, und mehr noch – sie stehen euch zur Seite! Eure Tränen werden ihnen wehtun, denn ihr Verstand kann nicht begreifen, warum ihr weint.

Denkt daran, dass euer Tier, auf eine Weile euren irdischen Augen entrückt, in einem neuen Leben in voller Gesundheit wieder erwacht. Es wird sofort zu euch zurückkehren wollen, um zu zeigen, wie schön, wie gesund, wie froh es wieder ist. Helft eurem Tier, indem ihr es wissen lasst, dass ihr euch seiner Gegenwart bewusst seid! Sprecht zu ihm, gebt ihm ein Wort der Ermutigung. Lasst es eure Stimme, die es liebt und so gut kennt, hören. Es wird euch oft besuchen; lasst es wissen, dass es euch stets herzlich willkommen ist!

Ihr mögt die hellseherische Gabe, euren Hund in seiner neuen, lebensfrohen und gesunden Daseinsform zu sehen, nicht besitzen. Ihr mögt die Gegenwart eurer Katze, die ihren geschmeidigen Körper in wiedergefundener Lebensfreude an euch schmiegt und den Menschen, der sie stets mit Liebe überhäufte, umschmeichelt, nicht spüren. Ihr mögt den fröhlichen Gesang eures Kanarienvogels mit seinen neuen, frohen und harmonischen Tönen nicht hören. Es ist euch vielleicht

nicht gegeben, euer Tier bei jedem seiner Besuche wahrzu-
nehmen.

Trotzdem, seid glücklich in eurer Gewissheit, dass eure Tiere,
wenn das Band der Liebe noch besteht, euch eines Tages im
Jenseits froh begrüßen werden!

Es gibt auch Gründe, aus denen ihr wieder ein Tier bei euch
aufnehmen solltet. So viele würden sich auf eure Liebe und
Fürsorge freuen! Ein überflüssiges Kätzchen, das sonst getötet
werden würde; ein verlassener Hund oder eine Katze, die sich
verlief und ihr altes Zuhause nicht wiederfinden kann! Vielleicht sitzt in dem Schaufenster eines Hundeladens ein kleines
Kerlchen, das sehnsüchtig auf die Straße blickt. Es wartet auf
ein Herrchen oder Frauchen, dem es seine lebenslange Treue
und Ergebenheit schenken kann. Ein Seelchen voller Liebe
strahlt aus seinen blanken Augen.

Vielleicht wartet es auf dich!"

III.

Auch Tiere haben Seelen

Was Gott dem Menschen,
ist der Mensch dem Hunde.
— FRANK WEDEKIND —

Monica D'Ambrosio und Stefano Apuzzo haben mit „Auch Tiere haben Seelen" ein wunderbares Buch über die Unsterblichkeit der Tiere geschrieben. Sie dokumentieren anhand einer Fülle von berührenden Beiträgen die geistigen Wirkkräfte in den Seelen der Tiere und ihre Bedeutung für den Menschen. Besonders bewegend sind die vielen Erfahrungsberichte über die Tiere im Jenseits. Es kann nach dem Studium ihrer Berichte kein Zweifel mehr daran bestehen, dass auch Tiere über einen seelischen Wesenskern verfügen, mit dem sie den physischen Tod überleben. Wenn sie noch dazu in Liebe mit ihren Besitzern verbunden waren, dann kann es häufig geschehen, dass sie sich diesen in ihrer vertrauten Form auch nach ihrem Hinübergang in die andere Welt noch gelegentlich zeigen. Die anrührendsten Erlebnisberichte werden in der nachstehenden Auswahl dokumentiert.

Kater Mix
(Edda Cattani)

Es war am 29. September 1989. Ich kann mich noch ganz genau daran erinnern, weil ich sehr erschöpft von der Arbeit nach Hause kam. Außer der Müdigkeit von den vielen Aufgaben, die es zu erledigen galt, war ein Kollege von mir mit einem Syndrom ins Krankenhaus eingeliefert worden, das wenig Hoffnung übrig ließ, was mich traurig und verwirrt machte.

Andrea und Vanessa waren in ihrem Zimmer mit einem Knäuel aus rotem Fell beschäftigt, das sie kaum festhalten konnten. Meine Kinder lachten und versuchten, es unter den Bettdecken zu verstecken. „Eine Katze im Haus? Hatten wir nicht genug Ärger mit der vorherigen? Kommt gar nicht in Frage! Bringt sie sofort wieder weg!"

Ich erinnerte mich, dass ich erst vor kurzem neue Vorhänge und Tapeten angeschafft hatte, nachdem die letzte Katze wer weiß wohin verschwunden war. Sie war nach einer Nacht im Garten nicht mehr zurückgekommen.

Alles in allem hatte ich mich an ihre Anwesenheit gewöhnt, wie an den kleinen Hamster Tino, die Vögelchen, die Schildkröten oder den Goldfisch. Aber weil sie einer nach dem andern alle wieder verschwunden waren und ich, die für sie sorgen musste, sie anschließend vermisste, hatte ich mir geschworen: „Nie wieder kommen mir Tiere ins Haus!"

Aber es war nichts zu machen. Andrea sagte, dieses „Bällchen" hätte sich an seine Hose gekrallt, als er über die Straße ging, auf der es ausgesetzt worden war; es hätte ihn förmlich ausgewählt.

Also musste ich mich mit einer neuen Runde von zerrissenen Vorhängen, zerwühlten Sesseln, Teppichen und Teppichböden abfinden, die geradegezogen werden mussten. Um die Wahrheit zu sagen, versuchte ich, einen neuen Besitzer für ihn zu finden, aber sobald Andrea das erfuhr, holte er ihn sich zurück und beschimpfte sogar die Person, die sich angeboten hatte, ihn zu übernehmen. Sie nannten ihn *Pub Music, Mix* oder auch *Rotfell* und gaben ihm viele andere Namen, wenn sie mit ihm spielten. Er schien geradezu seine ideale Umgebung gefunden zu haben. In Wirklichkeit konnte er sich recht gut benehmen; er machte nichts ins Haus, war aber gleichzeitig königlich und respektvoll. Nur wenn er Andrea sah, drehte er förmlich durch. Sie rannten zusammen herum, rollten über den Boden, sprangen hierhin und dorthin.

Abends ging Mix in den Garten hinunter und kam morgens wieder hinauf. Wenn ich die Jalousien hochzog und aus dem Fenster schaute, sah ich ihn unter mir mit seinen aufgerissenen grünen Augen: „Miao, miao, miao..." Ich ging hinunter und brachte ihn mit nach oben. Inzwischen hatte ich resignierend diesen Eindringling akzeptiert, wie schon vorher so oft. Ich war für ihn zuständig. Auch Elena half mir dabei; sie frühstückte mit dem Kater auf dem Schoß und gab ihm kleine Stückchen Plumcake. So wurde Mix zum Spielkameraden für alle.

Jeden Abend erwartete er seine Besitzer am Gartentor. Zuerst kam Elena von der Arbeit. Er stieg mit ihr die Treppe hinauf, ging dann mit Andrea wieder hinunter bis zum Ende der Gasse, wo die Jungs von der „Gruppe" warteten und er allen um die Beine strich. Inzwischen war er zum „Boss" des Viertels geworden – ein schöner roter Kater. Alle kannten den Kater von Andrea. Er wusste sich Respekt zu verschaffen und ließ sich nur von denen streicheln, denen er vertraute. Eines Tages zog Elena aus, und Mix erwartete sie vergebens. Nach einiger Zeit sah er sie plötzlich ankommen und rannte ihr so freudig entgegen, dass er sogar stolperte. Während er ihr folgte, machte er vor Aufregung sogar Pipi. Sie lachte darüber und ich auch. Um die Wahrheit zu sagen, war ich gerührt darüber, die Fähigkeit zur Erinnerung und zu Gefühlen bei einem Tierchen zu sehen, das im Grunde genommen doch nur ein Tier ohne Seele war...

Andrea lebte noch zu Hause. Jeden Abend gegen elf Uhr (man konnte die Uhr danach stellen) setzte sich der Kater ans Gartentor und wartete auf ihn. Ob es kalt war, regnete oder schneite, rührte ihn nicht. Wenn Andrea dann kam, stieg er mit ihm nach oben, und die beiden legten sich zusammen ins Bett. Er schlief zu seinen Füßen oder an seinem Hals.

Es war rührend, sie aneinandergeschmiegt zu sehen. Diese „Posterbilder" werde ich nie vergessen; ein braunhaariger großer Junge mit einem Plüschtier um den Hals, um ihn gewunden wie eine Brezel. Dann ging Andrea zum Militär. Es kamen lange Monate des Wartens. Jeden Abend saß Mix wartend am

Tor, bis ich eines nachmittags, als er auf dem Rasen sein Mittagsschläfchen hielt, Andrea am Ende des Gässchens kommen sah. Er kam vom Bahnhof, mein Andrea, auf seinem ersten Wochenend-Ausgang. Der Kater Mix bemerkte als erster, dass er da war, und mit vier Sätzen war er bei ihm und sprang ihn an. Andrea lachte und streichelte ihn. Die anderen Jungen, die aus der Nachbarschaft herbeiliefen, weil sie von seiner Ankunft gehört hatten, waren ebenfalls gerührt. Andrea war in Turnschuhen, Jeans und T-Shirt abgereist und kam nun in Uniform zurück, aber für Mix war er immer noch sein einziges Herrchen und sein Freund. In dieser einzigartigen Beziehung lagen all ihre Spiele, ihr Verständnis füreinander, ihre Verschwörungen, ihr Austausch von Zärtlichkeiten, der nur für sie bestimmt war. So ging die Geschichte weiter, bis Andrea der Abteilung für Transport und Material in Padua zugeteilt wurde. Da er nun zum kommandierenden Offizier der Region Nordost ernannt worden war, konnte er jeden Abend zum Schlafen nach Hause kommen. Zwischen elf Uhr und Mitternacht bezog eine Kugel aus rotem Fell am Gartentörchen Stellung. Jeden Abend wartete Mix auf die Rückkehr seines Freundes, ging mit ihm nach oben und kam um fünf Uhr morgens wieder herunter, wenn Andrea zum Appell in die Kaserne zurückkehrte.

Aber eines Abends – es war am 5. Dezember 1991 – kam Andrea nicht mehr nach Hause zurück, und Mix wartete vergeblich auf ihn. Trotzdem harrte er ohne Ende, jeden Abend um die gleiche Zeit, unerschütterlich weiterhin auf ihn, ohne aufzugeben und ohne sich um das Wetter und die fortschreitenden Jahre zu kümmern. In der ersten Zeit hatte ich es immer eilig und war gebeugt von meinem Schmerz. Es blieb mir kein anderer Platz, um mein drängendes Weinen loszuwerden, als in die Garage zu gehen und mich in Andreas Auto zu setzen, das dort immer noch parkte, um mich auszuweinen, während ich die Gegenstände streichelte, die von ihm noch übriggeblieben waren. Eines Abends, auf den noch viele andere Abende folgten, bemerkte ich, dass draußen vor der Garage drei, vier, fünf kleine Katzen, die im Gefolge von Mix gekommen waren, saßen und mich stumm anschauten. Daher gewöhnte ich mir an, ihnen etwas zu fressen mitzunehmen, wenn ich nach unten ging. Es war jeden Tag, die ganzen Jahre lang, die gleiche Zeremonie. Meine Nachbarn begannen mich schon ein wenig als Katzenmutter zu sehen und zu bemitleiden, weil ich niemand anderes mehr hatte, für den ich sorgen konnte, außer diesen paar streunenden Katzen. Mix wusste genau, wo sein Zuhause war, kam aber selten die Treppe hoch. Er lebte inzwischen da unten, in seinem Reich der herrenlosen Katzen, über die er die Oberherrschaft hatte. Manchmal hörte ich ihn unten im Eingang maunzen: „Miao, miao, miao", insgesamt dreimal, während er die Treppe hochkam. Dann öffnete ich ihm die Tür, und er machte es sich auf einem Küchenstuhl bequem, wo er bis zum nächsten Morgen blieb.

Er ging nie mehr in Andreas Zimmer, stieg nie mehr zur Mansarde hoch, dem Ort der Spiele und Purzelbäume. Elena schenkte uns eine weiße Perserkatze, aber Rotfell und Weißfell freundeten sich nie miteinander an. Der eine lebte unten im Garten, der andere oben.

Inzwischen sind fast acht Jahre vergangen seit jener Nacht im Jahre 1991; aber Mix hatte nie aufgehört, auf Andrea zu warten. Dann verschlechterte sich sein Befinden. Da er immer draußen im Garten lebte, wurde Mix krank und mit der Zeit immer schwächer. Er hatte drei Operationen; ich habe ihn mit allen möglichen Mitteln behandelt und sogar den Arzt gewechselt. Aber eines morgens, im letzten September, hatte ich verstanden, dass nichts mehr zu machen war. Ich wollte gerade zu einem Kongress fahren, und so packte ich ihn in den Korb, während er mich mit seinen großen traurigen grünen Augen ansah, ein armes kahles Knäuel, das inzwischen nur noch aus Haut und Knochen bestand. Ohne zu klagen, kam er mit. Ich ließ ihn beim Tierarzt und sagte: „Herr Doktor, machen Sie, was Sie für richtig halten, aber fragen Sie mich nicht, was Sie tun sollen. Rufen Sie mich in ein paar Tagen an, wenn Sie es schaffen, ihn zu heilen, wenn nicht, sagen Sie mir nichts. Ich werde mich wieder bei Ihnen melden."

Die Tage vergingen, ich kehrte nach Cattolica zurück, hatte jedoch nicht den Mut anzurufen. Am Samstag, den 29. September, als wir gerade in der Messe waren, hörte ich während der Kommunion um halb sechs deutlich das unverkennbare „miao, miao, miao..." am Eingang der Kirche. Es gab dort keine Katzen, also verstand ich, dass etwas passiert sein musste. Wir gingen wieder in den Salon, und während wir gerade eine Tonbandaufnahme machten, kam wieder deutlich das Mauzen... Es gab keinen Zweifel – eine Katze, mein Rotfell, Andreas Kater Mix, stand neben mir. Aber er konnte es nicht in seiner physischen Form sein, also musste er irgendwie zu mir zurückgekommen sein. Ich hatte Andrea darum gebeten: „Hilf ihm, nimm ihn zu dir", sagte ich, „seit acht Jahren wartet er jeden Abend auf dich... Er ist das letzte Lebenszeichen, was ich von dir habe, mein Sohn, aber ich kann nicht mehr mitansehen, dass er so leiden muss."

Am darauffolgenden Montag rief ich den Tierarzt an. Er sagte: „Gnädige Frau, am letzten Samstag habe ich mich dazu entschlossen, ihn einzuschläfern. Es war inzwischen nichts mehr zu machen. Er litt nur noch. Ich habe dafür gesorgt, dass er für immer eingeschlafen ist, ohne zu leiden." „Ich habe es gemerkt, Herr Doktor, ich habe es gemerkt. Es war um halb sechs, stimmt's?" Ich habe vom Kater Mix geträumt, wie er mit seinem Herrchen von einem Sofa zum anderen sprang; da trat ein unendlicher Frieden an die Stelle der Traurigkeit. Ich denke gerne an eine Kugel aus rotem Fell, die durch die Wolken rollt, auf dem Arm bei meinem Andrea. Endlich sind sie da oben im Paradies wieder vereint.

Pater Pio und San Phillipo
(aus der Zeitschrift "Libero", 24.1.2001)

„Er war direkt und deutlich mit den Menschen, aber unter seiner Kutte schlug ein tierliebendes Herz. Pater Pio wusste mit den Tieren umzugehen. Im Kloster von San Giovanni Rotondo gab es einen Schäferhund, der Leone hieß, und dieser Name passte sehr gut zu ihm. Groß und kräftig, wie er war, hatten alle Brüder Angst vor ihm, aber er war alles andere als bösartig, ganz im Gegenteil. So oft er konnte, riss er aus dem Garten aus und rannte zu den Zellen der Brüder, auf der Suche nach Zuneigung. Mit dem Schwanz zwischen den Hinterläufen, lief er schnurstracks zur Zelle von Pater Pio und kratzte dort so lange an der Tür, bis er ihm aufmachte. Wenn er dann von dem heiligen Bruder seine Streicheleinheiten bekommen hatte, wedelte er glücklich wie ein Kind mit dem Schwanz."

Auch der heilige Philippo Neri hatte einen vierbeinigen Freund. Er hieß Capriccio (Laune) und war eine rechte Plage für diejenigen, die mit ihm zu tun hatten. Der Heilige wollte sich nicht von ihm trennen. Eine Biographie berichtet: „Philippo hatte wegen seiner Berufung auf viele Freundschaften und menschliche Freude verzichtet; auf die weltliche Liebe, auf eine Familie, auf die Sinnlichkeit. Er verzichtete jedoch nie auf eine der unschuldigsten, entwaffnendsten Arten von Liebe. Nachts schenkte ihm in seinem ärmlichen Kämmerchen der Bescheidenste seiner Jünger jene kleine Zuneigung, auf die er aus Liebe zu Gott verzichtet hatte."

Hund stirbt an gebrochenem Herzen, neben seiner Gefährtin, die wenige Minuten vorher gestorben ist.
(aus dem Corriere della Sera, 29.10.2000)

Der alte Walt Disney wäre stolz auf sie gewesen. Oder wenigstens auf Sansone, den Hirtenhund aus den Pyrenäen. Er sah Kim, den Maremma-Schäferhund, mit dem er sein ganzes Leben verbrachte, tot am Boden liegen, und zehn Minuten später starb er selbst. „Als er sie im Garten liegen sah, hat er sich ihr genähert und begonnen, zu winseln und sie abzulecken. Dann ist er an ihrer Seite gestorben", berichtet Massimo Brocchetta, der deutsche Schäferhunde züchtet und Zeuge dieses unglaublichen Ereignisses wurde. Es war Maria Himmelfahrt und, wie die Leute sagen, sehr heiß in Novellara, in der Provinz von Reggio Emilia. Aber es war nicht die Hitze, die Sansone umgebracht hat. Auf dem Bericht von Salvatore Alessi, dem Tierarzt, der die Autopsie ausgeführt hat, steht deutlich zu lesen: „Gestorben an gebrochenem Herzen."

Seit neun Jahren hütete Brocchetta die beiden Hunde, wenn ihre Besitzer in die Ferien fuhren; und genau vor neun Jahren begann diese Geschichte, als Sansone, noch ein Welpe, seinen Platz im Leben von Kim findet, die drei Jahre älter ist als er. Wie man sagt, war Sansone sehr gut aussehend, lebhaft und siebzig Kilo schwer. Er hatte eine große Zukunft als in Hundewettbewerben vielfach preisgekrönter italienischer Meister vor sich.

Kim war nicht weniger besonders: Fünfundfünfzig Kilo, dichtes schneeweißes Fell und charakterstark wie alle Hunde ihrer Rasse. Es war Liebe auf den ersten Blick zwischen den beiden. Und auch eine ewige Liebe. „Sie waren immer zusammen, schliefen zusammen und fraßen aus derselben Schüssel", berichten die, die sie kannten. Inzwischen liegen sie beide nebeneinander im Garten, im gleichen Grab.

Rocky wartet im Geisterhaus weiter auf sein Herrchen
(aus dem Corriere della Sera, 18.12.1999)

Cervinara – er blieb im Schlamm sitzen, bewachte ein Gespensterhaus und wartete auf seinen Besitzer, der nie mehr kommen sollte. Der früher gefürchtete Rottweiler Rocky erweckt heute nur noch Mitleid. Zwei Personen starben, um ihn zu retten; sein Besitzer, Giuseppe Affinita, ein Antiquitätenhändler (offiziell gilt er noch als vermisst) und sein dreiundsechzigjähriger Vater Luigi. Giuseppe schaffte es, seine gesamte Familie in Sicherheit zu bringen (seine Frau und vier Kinder, von denen der Älteste fünfzehn und das Jüngste acht Monate alt war), indem er sie ins Tal brachte, als in

Castello die Hölle losbrach. Aber nachdem er in Sicherheit war, konnte er den Gedanken nicht ertragen, dass sein Hund alleine in dem einsturzgefährdeten Haus blieb. „Geh mit mir, Papa, wir holen ein paar Sachen raus und nehmen auch Rocky mit."

Um drei Uhr nachts begaben sich die beiden auf eine Reise ohne Wiederkehr. Sobald sie beim Haus ankamen, wurden Giuseppe und sein Vater unter einer Wand aus Wasser, Schlamm und Geröll begraben.

Luigis Leiche ist nie gefunden worden; man fürchtet, dass der Fluss ihn mit ins Tal riss. Rocky hingegen ist bei dem Geisterhaus geblieben; alle Versuche, ihn wegzubringen, waren vergeblich. Im Gegenteil, wenn jemand versuchte, sich ihm zu nähern, knurrte der Rottweiler und streifte dann über die Trümmer. „Nur wer keine Tiere liebt, kann sich über so etwas wundern. Ich bin überzeugt, dass auch andere Tierbesitzer sich genauso verhalten hätten", erklärt eine Cousine des Vermissten, als sie das tragische Ende der Affinita kommentiert. Verwandte und Freunde haben sich in der Wohnung versammelt; alle warten auf die Nachricht, dass Giuseppes Leiche gefunden wurde. Die drei Schwestern des Händlers finden keine Ruhe. „Denkt nur, seit einiger Zeit wollte er schon aus diesem alten, feuchten Haus ausziehen, das direkt über dem Fluss erbaut wurde. Auch die Besitzerin hatte ihm die Wohnung bereits gekündigt; er suchte nach einem neuen Haus."

Ein Mann wird durch den Geist eines Setters vom Blitzschlag gerettet

Frank Talbert, ein Immobilienhändler aus Denver, Colorado, war jedes Mal glücklich, wenn er ein paar Tage in seinem selbstgebauten Dreizimmerhäuschen in den Rocky Mountains verbringen konnte. Diesmal wollte er zehn Tage dort allein verbringen, um Arbeiten am Haus durchzuführen. Der erste Tag war wie im Flug vergangen, und Frank beschloss, bald ins Bett zu gehen. Vor dem Einschlafen schürte er noch einmal das Feuer im Kamin. An jenem Abend war es besonders frisch, denn es waren bereits die ersten Oktobertage, und es hatte schon begonnen zu regnen.

Frank ließ sich vom Rauschen des Regens in den Schlaf wiegen, ohne allzu sehr auf die Donnerschläge zu achten, die an seinem Häuschen rüttelten, und auf die Blitze, die die Landschaft draußen erhellten. Er wusste nicht, wie lange er bereits geschlafen hatte, als er von einem Geräusch geweckt wurde. Draußen bellte ein Hund. Frank Talbert setzte sich im Bett auf und horchte aufmerksam. Er hörte wieder den Hund bellen, aber diesmal schien das Gebell aus einer größeren Entfernung zu kommen. Er wollte gerade wieder einschlafen, als das Gekläff plötzlich vor der Haustüre zu hören war.

Talbert dachte, der Hund sei in Schwierigkeiten und bellte um Hilfe oder suchte einfach einen Platz für die Nacht. Er öffnete die Tür, konnte aber wegen des heftigen Regens kaum etwas erkennen. Er rief den Hund, bekam aber keine Antwort. Talbert wollte gerade die Türe wieder schließen, als ein Blitz ihn einen

Hund auf etwa hundert Meter Entfernung erkennen ließ. Er rief ihn wieder, aber statt näherzukommen, entfernte sich der Hund langsam mit einem erbärmlichen Jaulen.

Frank Talbert verstand deutlich, dass der Hund ihn aufforderte, ihm zu folgen und fragte sich, ob es sich vielleicht um eine Mutter handelte, deren Welpen dem Regen ausgesetzt waren. Er zog seine Stiefel und seinen Parka an, während der Hund auf ihn wartete. Frank Talbert konnte sich ihm bis auf wenige Schritte nähern, bevor er sich von neuem entfernte, offensichtlich in der Erwartung, dass er ihm nachging.

Er hatte ihn im Licht seiner Taschenlampe deutlich genug gesehen, um zu erkennen, dass es sich um einen roten Setter handelte, dessen Brust und Nacken weiß waren. Er war ihm jedoch erst wenige Meter gefolgt, als plötzlich um ihn herum sich alles rot färbte und er von einer schrecklichen Explosion erschüttert wurde. Ein Blitz hatte sein Haus getroffen; sein Schlafzimmer stand in Flammen. Er konnte einiges von seiner Habe gerade noch retten, was jedoch wegen des Regens und der Dunkelheit sehr mühsam war. Nur ab und zu erleuchtete ein Blitz für einen Moment die Nacht. Der größte Teil des Häuschens war zerstört worden. Er konnte nichts weiter tun, als den Flammen zuzuschauen. Erst als er sich bereit machte, wegzufahren und bei einem Nachbarn Unterschlupf zu suchen, erinnerte sich Talbert an den Hund.

Der Regen hatte aufgehört; der Himmel war wieder ziemlich aufgeklart und der Mond erleuchtete teilweise die gespenstische Szene. Talbert suchte nach dem Setter, aber der war verschwunden. Während er sich nach dem Tier umschaute, kam ihm in den Sinn, dass der Blitz sein Schlafzimmer getroffen hatte. Das Feuer hatte sich so schnell ausgebreitet, weil die Matratze und die Decken sofort in Flammen aufgegangen waren. Wenn ihn der Hund nicht aus dem Haus gelockt hätte, wäre er wahrscheinlich in seinem Bett umgekommen.

Als er die Geschichte seinem Nachbarn erzählte, war der Mann sprachlos. „Der Hund, den Sie beschreiben, scheint Sandy zu sein", sagte er und schüttelte langsam den Kopf. „Sie war eine Setterhündin mit weißem Hals und weißer Brust..." „Sie war es bestimmt, ganz sicher. Mein Gott, wo ist sie? Ich verdanke ihr mein Leben!", rief Talbert aus. Aber sein Nachbar blieb lange Zeit stumm. Er sah Talbert an; dann ließ er sich auf einen Stuhl fallen. Seine Stimme war nur ein Raunen, als er sagte:
„Das ist unmöglich, Frank. Sie ist vor mehr als zwei Monaten gestorben." Also war Sandy noch körperlich am Leben geblieben, um Frank Talbert aus der Gefahr zu retten?

Nein, es gab keinen Zweifel über ihren Tod. Sie war in der Nähe des Hauses dieses Nachbarn begraben. Konnte es sich um einen anderen, identischen Setter handeln? Das war natürlich nicht auszuschließen, aber die Möglichkeit, dass ein Hund mit dem gleichen Aussehen wie Sandy im gleichen Gebiet lebte, war doch recht abwegig.

Vielleicht war es ein Hund aus Sandys Wurf? Sie war in Texas geboren und im Alter von acht Jahren nach Colorado gebracht worden. War es etwa einer der Welpen von Sandy mit dem gleichen Aussehen? Sandy hatte jedoch nie Junge gehabt, weil sie eine Operation auf sich nehmen musste, wonach sie keine

Jungen mehr bekommen konnte. Daher werden Talbert und wir es nie erfahren. Aber Talbert erinnerte sich noch lange an seine Besucherin, wer oder was auch immer sie war; sein Nachbar gab ihm ein Photo von Sandy. Frank Talbert ließ es rahmen; es steht jetzt auf seinem Schreibtisch im Haus.

Jeff ist seinem Herrchen dankbar

Frank Talbert ist nicht der einzige Mensch, der vom Geist eines Hundes in den Bergen von Colorado gerettet wurde. Auch Robin Deland ist sich sicher, dass er sein Leben der Tatsache verdankt, dass sein geliebter Hund für ihn ins irdische Dasein zurückkehrte.

Robin fuhr auf einer kurvenreichen, engen und nicht asphaltierten Straße. Er war gerade in eine steile Anhöhe in der Nähe des Städtchens Gunnison eingebogen, als er einen Hund mitten auf der Straße sah. Das Tier blieb still stehen. Es zwang ihn, auch anzuhalten. Einen Augenblick später gefror Robin Deland das Blut in den Adern, weil er in diesem seltsamen Hund seinen Collie Jeff erkannte, der vor sechs Monaten gestorben war. Robin war sicher, dass er sich nicht irrte. Er hatte Jeff schwer verletzt auf einer Autobahn gefunden, ihn in eine Klinik gebracht und ihn behandelt, bis der Collie völlig wiederhergestellt war. Jeff lebte noch zwölf Jahre bei ihm.

Robin war über das Auftauchen von Jeff so erschrocken und verstört, dass er sich nicht erinnern kann, wie er aus dem Auto kam. Er erinnert sich jedoch, dass er dem Hund entgegenging. Er glaubt, er habe die Hand ausgestreckt und ihn beim Namen gerufen. Als er ihn fast berührte, drehte sich das Tier plötzlich um und ging langsam auf die Anhöhe zu. Der Mann ging ihm nach und versuchte, nahe genug an ihn heranzukommen, um ihn zu berühren. Als Deland oben ankam, sah er, dass die Straße genau dort abbrach. Wäre er weitergefahren, so wäre Robin Deland sicher mit seinem Auto in den Abgrund gestürzt. Als er über die Geschichte nachdachte, kam er zu der Überzeugung, dass sein Freund Jeff aus dem Jenseits zurückgekehrt war, um ihm das Leben zu retten und sich somit dafür zu revanchieren, dass er ihn auf der Autobahn vor dem sicheren Tod gerettet hatte.

Charly geht jeden Tag zum Friedhof, um sein Herrchen zu besuchen.
(aus La Repubblica, 6.2.2000)

Fast jeden Tag legt Charly sechs Kilometer zurück, um das Grab seines vor über einem Jahr verstorbenen Besitzers zu besuchen. Manchmal begleitet ihn Grassellis Witwe, Maria, aber oft geht er auch allein; wenn ihn die Leute aus dem Ort erkennen, öffnen sie ihm die Autotür und lassen ihn mitfahren. Manche Leute sagen, Charly sei ein Rassehund, eine Bracke, andere, er sei nur ein schöner Mischlingshund. Seine Geschichte bewegte die Einwohner von Casina, einem Ort in den Hügeln vor Reggio, der im Sommer ein beliebtes Ziel für Touristen ist; inzwischen ist der kleine Hund zum Maskottchen des Dorfes geworden. Charly wurde vor einigen Jahren von Benno Grasselli adoptiert. Er rettete ihn damit aus dem Tierheim, in dem er aus unerfindlichen Gründen gelandet war.

Seitdem hatte der kleine Mischling seinen Herrn nie im Stich gelassen; er begleitete ihn überall hin, auch auf dem Ape-Kleinstlaster von Grasselli. So wurden die beiden zwei Jahre lang zu unzertrennlichen Gefährten, in den Bars der Umgebung, auf dem Laster und abends vor dem Fernseher.

Wo immer der betagte Besitzer hinging, tauchte Charlies krauses weißes Fell ebenfalls auf. Der kleine Hund war auch bei Crassellis Beerdigung anwesend, als dieser im Dezember 1998 starb. Er folgte seinem Sarg bis zum Friedhof und merkte sich die Strecke, auf der er seitdem jeden Tag dorthin zurückkehrt, ganz gleich, ob es regnet oder die Sonne scheint. Die Einwohner von Casina sind bereit zu schwören, dass Charly oft an den Plätzen verweilt, die er mit seinem Herrn aufsuchte, und dass er auf seinem Weg zum Friedhof genau weiß, ob er sich auf der Provinzstraße oder auf dem Gemeindeweg befindet.

Mac, der Feuerwehrhund

Es gab zahlreiche Zeugen für die Ereignisse, bei denen die Familie Peters in einer Dezembernacht vor nicht allzu langer Zeit aus einer mit Sicherheit tödlichen Falle gerettet wurde.

Raymond und seine Frau Suzanne waren früh nach Hause gekommen, weil sie sehr müde waren. Sie hatten die ganze Nacht durchgewacht, denn eines ihrer Kinder hatte Magenprobleme. Auch an den Abenden zuvor waren sie lange aufgeblieben, um ihre Einkommenssteuererklärung fertigzustellen. Sie freuten sich schon auf ihr Bett und waren, wie sie sich nachher erinnerten, sehr müde, als sie schlafen gingen. Aber irgendwo stand geschrieben, dass sie in dieser Nacht noch weniger Schlaf bekommen sollten.

Raymond und Suzanne erinnern sich, dass sie etwa vier Stunden, nachdem sie zu Bett gegangen waren, einen Hund bellen hörten. Raymond weiß noch, wie er im Halbschlaf seinem Scotch-Terrier Mac befahl, er solle ruhig sein, und dass seine Frau sagte: „Was hat er, zum Teufel?" Aber Mac bellte weiter. Raymond sagt, er habe nicht mehr einschlafen können, denn sobald er seine Augen schloss, begann Mac von neuem wütend zu kläffen. Da setzte sich Raymond im Bett auf und rief: „Verdammt, Mac...", weil er dachte, der Hund müsse hinaus, um sein Geschäft zu verrichten. Aber dann roch er den Rauch.

Er war sofort hellwach und sprang aus dem Bett. Die Schlafzimmertür war geschlossen. Als er sie öffnete, war der Flur schon voller Rauch. Sie spürten die Hitze des Feuers an der Decke; eine Ecke des Vorzimmers stand bereits in Flammen, aber das Feuer hatte noch nicht das Zimmer erreicht, in dem die Kinder schliefen. Sie packten die noch schlafenden Kinder und flohen aus dem Haus; gerade noch rechtzeitig, denn kurz darauf stand das ganze alte Haus in Flammen. Der Nachbar hatte bereits die Feuerwehr alarmiert. Er war ebenfalls vom Bellen des Hundes geweckt worden, denn vorher hatte er weder Rauch noch Feuer aus dem Haus kommen gesehen. Wie er sagte, bellte der Hund so laut, dass er zuerst dachte, er sei in seinem Haus. Dann jedoch hatte er aus dem Fenster geschaut und die Flammen entdeckt. Als die Feuerwehr ankam, war das Haus bereits fast völlig zerstört; daher konnten sie nur noch versuchen, ein Ausbreiten des Feuers zu verhindern. Raymond und Suzanne verloren alle ihre Habe, aber die Familie war gerettet.

Erst als der Nachbar sagte: „Mein Gott, ihr hättet es nie ohne euren Hund geschafft. Ich wusste gar nicht, dass ihr euch einen neuen Hund angeschafft habt, nachdem Mac tot war... Aber wo ist er, Ray? Hat er es geschafft, aus dem Haus zu fliehen?" Die Peters sahen sich wortlos einen Moment lang an. Raymond weiß nicht mehr genau, was er danach sagte, aber er erinnert sich, dass sein Herz einen Augenblick stehen blieb und sich alles drehte. Er hörte, wie Suzanne sagte: „Es war Mac. Ich weiß noch, wie er bellt... Wir haben keinen anderen Hund mehr gehabt." Sie brauchte nicht nach ihrem Hund zu suchen; er war drei Monate vorher gestorben.

Der Tiersucher

Eine junge Psychologin aus Cincinnati hatte eine sehr deutliche und bewegende Erfahrung mit ihrer verstorbenen Mutter. Es geschah auf eine sehr reale Weise und hatte eine tiefe Bedeutung für sie, denn sie lernte Dinge, von denen sie vorher absolut nichts gewusst hatte. Das körperliche Überleben der Tiere spielte nur eine zufällige Rolle in diesem Gefühlsdrama. Es wäre wahrscheinlich gar nicht bemerkt worden, wenn nicht eine Person gefragt hätte: „Deine Mutter scheint zufrieden zu sein?" „Ja", antwortete die Frau, „Sie ist mit ihren Eltern, einer ihrer Schwestern und einigen Freunden zusammen. Und auch unser Hündchen Penny ist immer bei ihr." Danach war nicht mehr von dem Hund die Rede. Aber es schien interessant, dass alle anderen ohne Verwunderung oder Diskussionen die Anwesenheit des Hundes akzeptierten. Übrigens stimmen diese Beobachtungen mit den Erfahrungen von Fred Kimball überein, der seit vierzig Jahren auf dem Gebiet des Paranormalen seine Forschungen durchführt und die besondere Fähigkeit entwickelt hat, mit den Tieren zu sprechen.

Es begann vor vierzig Jahren, als er zufällig mit einer Möwe sprach, die sich an Bord eines Öltankers befand. Heute verbringt Kimball die meiste Zeit damit, den Tieren und den Menschen zum Thema Tiere Ratschläge zu erteilen. Es ist kein Zufall, dass er in den Zoos sehr gefragt ist. Oft wird Kimball von Menschen um Hilfe gebeten, die ein Tier verloren haben. Meistens ist er in der Lage, sich mit diesem Tier in Verbindung zu setzen und Informationen über seinen Aufenthaltsort zu bekommen.

Während seiner Suche nach verlorenen Tieren entdeckte Kimball dann auch, dass die Kommunikation nicht davon abhängt, ob das Tier noch lebt.

Einmal rief ihn eine Frau in seinem Haus in Kalifornien an und erklärte ihm aufgeregt, sie habe ihren zwölfjährigen irischen Setter verloren. Die ganze Familie hatte mit Hilfe von Freunden vergeblich nach ihm gesucht. Kimball versetzte sich also auf die „Wellenlänge" der Frau und schließlich auch des verschwundenen Tieres. Er sah den großen Setter, wie er sich frei auf einer Wiese bewegte und dann auf ein bewaldetes Gebiet zulief. Dann legte er sich unter einem Baum nieder, als ob er schlafen wollte. Plötzlich drehte sich der Hund zur anderen Seite des Baums und senkte die Augen. Zu seinen Füßen lag sein alter Körper – er war tot.

Fred Kimball erzählte der Besitzerin des Hundes, was er gesehen hatte, und die Frau erklärte ihm, es müsse sich um einen bewaldeten Park nicht weit entfernt von ihrem Haus handeln. Sie war mit ihrem Hund dort öfter spazieren gegangen.

Eine kurze Suche bestätigte Kimballs Beobachtung. Der Hund lag genau unter diesem Baum – und war tot.

Der Hund, der Selbstmord beging

In vielen Fällen scheinen Tiere zu verstehen, dass ihre Besitzer tot sind, auch wenn sie sich am anderen Ende der Welt aufhalten. Die folgende Geschichte beweist es.

Tom, ein siebenjähriger schottischer Schäferhund, gehörte Harold Myers aus Houston, Texas. Harold und Tom waren praktisch unzertrennlich; daher war es verständlich, dass der Hund sich verloren fühlte, als sein Herrchen zum Vietnam-Krieg eingezogen wurde.

Mit der Zeit schien Tom jedoch zu resignieren. Er wirkte bedrückt, hatte aber die Trennung mit ergebener Geduld akzeptiert. Eines Tages jedoch begann der Hund, klare Zeichen zu geben, dass er sich das Leben nehmen wollte. Er streckte sich mehrmals auf den Schienen des Zuges aus, der drei Blöcke vom Haus der Myers entfernt vorbeifuhr. Es war immer jemand zur Stelle, der ihn eilends rettete, aber Tom gab nicht auf. Schließlich hatte er mit seinem Vorhaben Erfolg. Einige Tage später kam die Nachricht, dass Harold, sein Besitzer, in Vietnam umgekommen war. Der offensichtliche Selbstmord von Tom wirft verschiedene Fragen auf. Hatte der Hund die Nachricht vom Tode seines Herrn „aufgefangen"? Glaubte er, sich wieder mit ihm zu vereinen, indem er sich das Leben nahm?

Mama Schaf und ihr Lämmchen gehen zum Tierarzt

Vielfache Zeugenaussagen beweisen, dass Tiere nicht nur über eine eigene Intelligenz verfügen, sondern auch nachdenken und komplexe Entscheidungen treffen können, wenn es darum geht, einander oder ihren Artgenossen zu helfen.

Vincent und Margaret Gaddis, zwei Verhaltensforscher, die das Verhalten der Tiere gut kennen, berichten von einem Schaf in den Rocky Mountains, das krank und verzweifelt war. Es lief bis in die Stadt Baldy, um einen Tierarzt um Hilfe zu bitten. Das Tier blieb beim Tierarzt, bis es vollständig geheilt war. Dann kehrte es zu seiner Herde zurück. Aber es vergaß sein Abenteuer nicht. Viele Monate später stand es wieder vor der Tür des Tierarztes – diesmal hatte es ihm sein Lamm gebracht.

Die Dankbarkeit des Collies Corky

Norma und Tom Kresgal wurden von ihrem Collie gerettet, der vor langer Zeit gestorben war. Aber die gesamte Geschichte von Corky hat etwas Besonderes an sich. Norma Kresgal fand ihren Hund unter seltsamen Umständen. Sie und Tom hatten vor kurzem geheiratet und lebten auf einem Bauernhof im Staate New York. Eines Tages kam ein Nachbar vorbei und bat sie, seiner kranken Frau Gesellschaft zu leisten, während er Arzneien kaufen fuhr. Nach einer halben Stunde kam er zurück, und Norma machte sich auf den Heimweg. Nach kurzer Zeit hatte sie den Eindruck, nicht allein zu sein. Sie hielt an, schaute sich um, sah jedoch nichts und ging deshalb weiter. Aber das seltsame Gefühl, nicht allein zu sein, blieb. Aus einem Grund, den sie nie erklären konnte, verließ sie plötzlich den Weg und ging in den Wald hinein. Sie war etwa fünfzig Meter weit gekommen, als sie einen großen Collie auf dem Boden liegen sah, dessen Hals blutbefleckt war. Man könnte meinen, dieser Hund habe sie telepathisch gerufen und sie angefleht, ihn zu retten.

Als Norma ankam, lebte der Hund jedenfalls noch und versuchte, mit dem Schwanz zu wedeln, als die Frau seinen Kopf streichelte. Der Hund war so schwer, dass Norma ihn nicht hochheben konnte. Daher lief sie los, um Hilfe zu holen. Zusammen mit ihrem Schwiegervater brachte sie den Collie zum Tierarzt, der eine Kugel aus der Kehle des Tieres entfernte. Aber ein Schaden an seinen Stimmbändern blieb bestehen, und der Hund konnte nie richtig bellen.

Niemand fragte nach dem Tier. Norma gab ihm den Namen Corky. Das Tier blieb viele Jahre lang bei ihr. Als es starb, begruben seine Besitzer es unter einem Baum im Hof. Zwei Jahre später zogen die Kresgals nach New York in eine Wohnung im zweiten Stock eines Zweifamilienhauses. „Wir lebten erst seit einigen Monaten dort", erzählt Norma Kresgal, „als ich eines Nachts von einem merkwürdigen Geräusch wach wurde. Es war das heisere Bellen von Corky. Ich dachte, ich hätte geträumt und wollte gerade wieder schlafen gehen, als ich erneut diesen Ton hörte, laut und heiser." Norma stand auf und fand sich in einer Rauchwolke wieder. Sie weckte ihren Mann, und sie gingen zusammen hinaus, um den Hausbesitzer zu rufen und zu flüchten, bevor die Flammen das gesamte Gebäude einhüllten. „Die Tränen liefen mir übers Gesicht", erinnert sich Norma. „Tom dachte, ich sei erschüttert, weil wir all unsere Habe verloren. Er sagte, ich solle mir keine Sorgen machen, denn wir waren versichert. Er wusste nicht, dass ich aus Dankbarkeit weinte und Gott aus ganzem Herzen dafür dankte, dass er Corky rechtzeitig zu mir zurückkommen ließ, um mich zu wecken, bevor es zu spät gewesen wäre."

Kater Fingal, der Freund der Tiere

Vor vielen Jahren berichtete die amerikanische Zeitschrift *Prediction* von einem seltsamen Kater namens Fingal, der einen hochentwickelten Sinn für Mitleid, Verantwortung und Zuneigung zu anderen Tieren hatte. Wenn die Schildkröte auf den Rücken fiel und sich nicht umdrehen konnte, lief Fingal los, um eins der Familienmitglieder zu rufen, damit sie ihr halfen. Wenn eins der Kaninchen krank wurde, blieb Fingal bei seinem Käfig sitzen, bis die Krise überstanden war.

Fingal folgte einer genau festgelegten Routine. Abends ging er gerne hinaus, blieb etwa eine Stunde weg und kam um neun Uhr wieder nach Hause. Er klopfte dann laut auf die Fensterscheibe, damit man ihn hereinließ.

Kurz nach dem Tode des Katers begann die Familie ein Klopfen an der Fensterscheibe zu hören. Es dauerte so lange, bis jemand das Fenster öffnete, dann hörte es plötzlich auf. Außerdem hatten die Besitzer von Fingal und ihre Verwandten oft den

Eindruck, eine Katze auf dem gelben Kissen schnurren zu hören, das Fingal gehört hatte. Eines Tages kam eine Freundin bei der Familie zu Besuch und brachte ihre Siamkatze mit. Das Tier ging ruhig auf das Lieblingskissen von Fingal zu, aber als es daran vorbeikam, machte es plötzlich erschrocken einen Buckel. Seine Augen schienen etwas zu folgen, das sich aufs Fenster zubewegte. Als das Fenster geöffnet wurde, beruhigte sich der siamesische Gast völlig. Mit einem kleinen Sprung legte er sich auf Fingals gelbes Kissen. Er machte einen sehr zufriedenen Eindruck.

Duarte, der kleine Junge, auf den die Tiere hören

Viele Jahre lang haben die Zeitungen von einem brasilianischen Junge namens Francisco Duarte berichtet, von dem gesagt wurde, er sei in der Lage, mit allen möglichen Arten von Tieren und Insekten zu kommunizieren und ihnen Befehle zu erteilen. Duarte ist klein für sein Alter und gilt als geistig zurückgeblieben; aber er kann mit Spinnen, Wespen, Schlangen, Fröschen, Ratten und Alligatoren umgehen, ohne gebissen oder auch nur angegriffen zu werden. Der Parapsychologe Alvaro Fernandez sagt außerdem, dass alle Tiere den Anweisungen gehorchen, die der Junge ihnen erteilt.

Nach dem, was Francisco und die Forscherin Martha Barros berichten, bleiben Bienen zum Beispiel dort, wo es ihnen Duarte sagt: Wenn er ihnen befiehlt, zum Bienenstock zurückzukehren, tun es alle außer sechs Bienen. Giftschlangen rollen sich zusammen oder auseinander und kriechen dahin, wohin der Junge es ihnen zeigt. Fische kommen aus dem Wasser und berühren seine Hände, wenn er sie dazu aufruft.

Duarte sagte zu dem Journalisten Michele Joy: „Ich spreche mit den Tieren und sie mit mir. Ich verstehe alles, was sie sagen. Meine Gabe ist ein Geschenk Gottes."

Das Paradies der Tiere
von Paulo Coelho (*Der Dämon und Fräulein Prym*)

Ein Mann, sein Pferd und sein Hund gingen über eine Straße. Als sie an einem Baum vorbeikamen, wurden sie vom Blitz getroffen und waren auf der Stelle tot. Aber der Reisende merkte nicht, dass er diese Welt verlassen hatte und ging in Begleitung seiner Tiere weiter.

Manchmal brauchen die Toten eine Weile, bis sie sich über ihren neuen Zustand klar werden...

Der Weg war sehr lang, und sie mussten auf einen Hügel steigen. Die Sonne brannte stark; sie waren verschwitzt und durstig. An einer Biegung der Straße sahen sie ein herrliches Tor aus Marmor, das auf einen mit goldenen Blöcken gepflasterten Platz führte, in deren Mitte ein Brunnen stand, aus dem kristallklares Wasser floss. Der Reisende wandte sich an den Mann, der am Eingang Wache stand.

„Guten Tag."
„Guten Tag", antwortete der Wächter.
„Was ist das nur für ein schöner Platz?"
„Das ist der Himmel."
„Wie schön, dass wir im Himmel sind, wir haben so großen Durst!"

70

„Du kannst hereinkommen und trinken, so viel du willst",
sagte der Wächter und zeigte auf den Brunnen.

„Mein Pferd und mein Hund haben auch Durst."

„Das tut mir sehr leid", sagte der Wächter, „aber hier ist der
Zutritt für Tiere verboten."

Der Mann war sehr enttäuscht. Er hatte großen Durst, wollte
jedoch nicht allein trinken. Er dankte dem Wächter und ging
weiter.

Nach einem langen Weg den Hügel hinauf erreichten der
Reisende und seine Tiere einen Platz, dessen Eingang aus einem
alten Tor bestand, das zu einem Pfad aus festgestampfter Erde
führte, an dessen Seiten Bäume wuchsen. Im Schatten eines
dieser Bäume lag ein Mann mit Hut. Anscheinend schlief er.

„Guten Tag", sagte der Reisende.

Der Mann nickte ihm zu.

„Mein Pferd, mein Hund und ich haben großen Durst."

„Zwischen den Felsen dort hinten ist eine Quelle", sagte der
Mann und zeigte auf die Stelle. Er fügte hinzu: „Ihr könnt
trinken, so viel ihr wollt."

Der Mann, das Pferd und der Hund gingen zu der Quelle und
löschten ihren Durst. Dann bedankte sich der Reisende.

„Ihr könnt zurückkommen, so oft ihr wollt", antwortete der
Mann.

„Übrigens, wie heißt dieser Ort?"

„Himmel."

„Himmel? Aber der Wächter am Marmortor hat gesagt, der
Himmel sei dort!"

„Das ist nicht der Himmel, sondern die Hölle." Der Reisende
war ganz erstaunt.

„Ihr solltet ihnen verbieten, euren Namen zu benutzen! Diese falsche Information verursacht sicher große Verwirrung!"

„Absolut nicht. In Wirklichkeit tun sie uns einen großen Gefallen. Denn da drüben bleiben alle, die keine Skrupel haben, ihre besten Freunde im Stich zu lassen."

Die Rückkehr des Soldaten

Schwanzwedelnd vor Freude stürzte sich der kleine Mischlingshund auf den Soldaten, der auf Heimaturlaub kam. Er leckte ihm liebevoll über das Gesicht. Es war nichts Seltsames an dieser Begrüßung des Herrchens durch den Hund nach einer langen Trennung... außer der Tatsache, dass der Hund seit neun Monaten tot war.

Der Hund Bobby war seinem Herrn sehr zugetan. Sie hatten oft stundenlang miteinander gespielt. Dann war der junge Mann eingezogen worden, und der Hund war während seiner Abwesenheit gestorben. Der Parapsychologe Jan Currie, der diese Geschichte erzählte, erklärte, der Mann habe nichts vom Tod seines Hundes gewusst und sich bei seiner Rückkehr sehr über dessen Begrüßung gefreut.

„Bobby machte einige Minuten ein großes Durcheinander und rannte dann auf ein Dahlienbeet zu", berichtet Currie. Am Tag darauf erfuhr der Besitzer vom Tod seines Hundes, der im Dahlienbett begraben worden war. Der Mann sagte: „Ich bin absolut sicher, das ich mit Bobby gespielt habe. Ich kannte ihn so gut, dass ich mich nicht geirrt haben kann."

Ein Dackel bellt aus dem Jenseits

Ich wurde einmal mitten in der Nacht vom Gebell unseres Dackels Phagen aus dem Tiefschlaf geweckt. Ich hörte einen Moment lang zu, in der Hoffnung, er würde wieder aufhören, damit ich nicht aufstehen müsste, um ihn auszuschimpfen. Aber das abgehackte, hartnäckige Gebell ging weiter. Daher zog ich mir etwas über und ging zu seinem Zwinger. Der Hund war nicht zu sehen. Ich leuchtete mit der Taschenlampe in seine Hütte, und da lag er. Er musste schon seit mehreren Stunden tot sein, denn sein Körper war bereits steif. Ich lag noch lange wach, erschüttert darüber, dass ich Phagen bellen gehört hatte, obwohl er bereits seit vielen Stunden tot war. Aber Phagen sollte noch öfter bellen.

In den beiden darauffolgenden Nächten hörte ich ihn ebenfalls genau zu der gleichen Zeit anschlagen. Beide Male ging ich hinaus. In der ersten Nacht sah ich nur den leeren Zwinger und die Hütte, aber beim zweiten Mal sah ich ihn, während ich mich im Halbdunkel der Umzäunung näherte, im Schatten warten, und als ich näher kam, wedelte er mit dem Schwanz. Schockiert und verwirrt ging ich auf ihn zu... aber in diesem Moment verschwand er. Er bellte danach nicht mehr. Seit jener Zeit habe ich mich oft gefragt, ob er zurückgekommen war, um sich für immer von mir zu verabschieden. Ich könnte annehmen, ich hätte einen besonders lebhaften Traum oder eine Vision gehabt, das wäre plausibel gewesen, wenn nicht mein Nachbar, der nicht wusste, dass Phagen tot war, mich am Morgen nach meinen letzten Treffen mit dem Hund gefragt hätte, ob es Phagen nicht gut ginge. Er hätte ihn die beiden Nächte zuvor lange bellen gehört.

Der Cocker Ronnie kehrt nach Hause zurück

In seinem Buch „Evidence on life after death" erzählt Martin Ebon die Geschichte eines Cockerspaniels namens Ronnie, der während einer Operation starb. Die Besitzerin des Hundes saß zu Hause neben dem Telefon und wartete auf die Nachricht vom Ausgang der Operation. „Plötzlich hörte sie das Namensschild an seinem Halsband und sein Tippeln im Vorraum. Sie öffnete die Tür, aber da war niemand. Da verstand sie, dass ihr alter Freund zum letzten Mal nach Hause gekommen war", schrieb Ebon.

Weise und Philosophen aller Zeiten haben bestätigt, dass der Mensch und auch die Tiere von einem höheren Prinzip beseelt sind, dass ihre Seele feinstofflich und unsterblich ist. Der Begriff Seele in seinem ursprünglichen Sinne stellt das Prinzip dar, von dem das Leben in seinen verschiedenen Formen gelenkt wird. Es stimmt, dass die Erklärungen unterschiedlich waren. Manchmal wurde die Seele einfach als die Harmonie der verschiedenen körperlichen Funktionen, manchmal als unterschiedene Wesenheit von höchster ätherischer Natur angesehen; aber bis zu einer relativ kurz zurückliegenden Zeit machte man keinen wirklichen Unterschied zwischen der Seele des Menschen und der der anderen Tiere.

Die geistigen Unterschiede zwischen den niederen Tieren und dem Menschen brachte die Philosophen der Antike zu der Schlussfolgerung, dass eine Teilung irgendeiner Art vorgenommen werden müsste. Die Stoiker behaupteten, der Mensch besitze einen rationalen Geist, der der Seele überlegen sei, die sowohl den Tieren als auch dem Menschen angehöre. Es wurde jedoch nie geleugnet, dass Tiere eine Seele besitzen.

Das hebräische Wort für Seele ist *Nephesch*, das griechische *Psyche*. Die beiden Begriffe haben dieselbe Bedeutung. Das griechische Wort *Psyche* ist das einzige im Neuen Testament, das mit Seele übersetzt wird. In einer Bibel-Passage ist zu lesen: „In jedem Tier auf der Erde und jedem Vogel in der Luft und allem, was über die Erde kriecht, ist eine lebende Seele."

Der Theologe Dr. E.F. Busch bestätigt in seinem Kommentar dazu: „Der Auszug ´lebendige´ Seele wird wiederholt auch auf die Ordnung der niederen Tiere angewendet."

Felix und das Grab des Großvaters

Das Ehepaar King lebte mit seinem Töchterchen, dem betagten Großvater und einem Kater namens Felix in einem australischen Städtchen namens St. Kildre. Als der Großvater mit neunzig Jahren starb, fand der Kater keine Ruhe. Er suchte jammernd im Haus und außerhalb nach ihm. Die Eheleute King beschlossen daher, mit ihm im Auto auszufahren, in der Hoffnung, ihn abzulenken. Felix blieb ruhig, bis sie die Außenbezirke von Melbourne erreichten; dann sträubte sich plötzlich sein Fell auf dem Buckel, und er begann zu zittern. Er sprang aus dem Wagenfenster und verschwand im Verkehrsgewühl.

Der Familie blieb nichts anderes übrig, als nach Hause zu fahren und zu hoffen, dass Felix den Weg zurück finden würde. Aber die Tage vergingen, ohne dass er zurückgekehrt wäre. Eines Tages fuhren Frau King und ihr Töchterchen zum Friedhof, um Blumen zum Grab des Großvaters zu bringen. Sie fanden Felix, wie er dort in der Nähe des Grabes spazierenging. Der Kater zeigte sich sehr erfreut darüber, sie wiedergetroffen zu haben, und begann mit dem Mädchen zu spielen, wie er es mit dem Großvater getan hatte. Der Friedhof war mehr als zehn Meilen von ihrem Haus entfernt und mehr als fünf Meilen von der Stelle, an der Felix aus dem Auto gesprungen war.

Zweimal versuchten die Kings, Felix nach Hause zu bringen, aber jedes Mal, wenn sie am Friedhofstor ankamen, sprang der Kater wieder aus dem Fenster und kehrte zum Grab zurück. Daher baten sie den Friedhofswächter, sich um den Kater zu kümmern und ihm zu fressen zu geben.

Als John Hethington die Familie für seine „195 Katzenge-schichten" interviewte, fuhr er zu dem Friedhof und besuchte Felix, der still wie ein Wächter auf dem Grab lag. Hethington schrieb dazu: „Diese Geschichte geht mir nicht mehr aus dem Kopf; vielleicht deshalb, weil sie Elemente enthält, die über ein menschliches Verständnis hinausgehen."

Der Hund des Kanzlers spürt den nahenden Tod seines Herrn

Die deutsche *Zeitschrift für Metapsychische Forschung* (1933) beschäftigte sich mit dem Tode des deutschen Kanz-lers Dr. Cuno. Sie berichtete darüber, was in der letzten Pha-se seiner Krankheit geschah. Unter anderem steht dort:

Der Kanzler besaß einen Schäferhund namens Aco, der eine Vorahnung vom unerwarteten Tode seines Herrn hatte. Seit dem Beginn seiner Krankheit hatten sich abrupt seine Gewohnheiten und sein Temperament geändert; am Morgen des Tages, an dem der Kanzler starb, als noch niemand wusste, dass er sterben würde, begann Aco, ein düsteres, ja herzzerreißendes Geheul und Stöhnen von sich zu geben, ohne wieder aufzuhören. Man musste ihn wegbringen und einsperren, aber der Hund fuhr trotzdem ohne Ende fort zu heulen und zu stöhnen. In dem Moment, als sein Herr den letzten Atemzug aushauchte, begann er verzweifelt zu bellen.

Die Zeitschrift enthält dazu die Anmerkung, dass solche Fälle nicht etwa selten sind, sondern häufig vorkommen und weitläufig bekannt sind.

Der Neufundländer des russischen Grafen

P.G. Leymarie, der Direktor der *Revue Spirit*, veröffentlichte in der *Rivista die Studi Psichici* (1900) folgendes Erlebnis:

Eines Tages, im Januar 1887, saß Frau Bosc am Kamin unseres Hauses in der Rue de Lille 7 in Paris, als Graf De Lvoff, der aus Russland kam, uns zum ersten Mal besuchte. Wir machten ihn mit Frau Bosc bekannt. Während ich schrieb, unterhielten sich die beiden. Plötzlich sagte Frau Bosc: „Ich sehe an Eurer Seite einen Hund, der Euch sehr zugetan ist. Es ist ein weißer Neufundländer mit schwarzen Ohren und Pfoten und einem schwarzen Stern auf der Stirn. Er trägt ein silbernes Halsband, das mit einem Kettchen verschlossen ist und auf dem „Sergio De Lvoff" seht (und der Name des Hundes, an den Leymarie sich nicht erinnerte). Er hat einen schönen langen Schweif, und er streichelt Euch, während er Euch fest in die Augen schaut."

Bei diesen Worten füllten sich die Augen von De Lvoff mit Tränen, und er sagte: „In meiner Kindheit war ich überaktiv und schwer zu erziehen: daher gaben mir meine Eltern einen Hund zur Seite, den Ihr gerade so genau beschrieben habt. Er hat mir mehrmals das Leben gerettet, indem er mich aus dem Fluss fischte, in dem ich zu ertrinken drohte. Als ich zwölf Jahre alt war, starb dieser treue Freund, den ich wie einen Bruder beweinte. Daher bin ich glücklich darüber, ihn wieder an meiner Seite zu wissen, und sicher, dass unsere lieben Begleiter eine ´intelligente Seele´ haben, die den Tod des Körpers überdauert, und den ´Geist´, mit dem sie ihren Körper wieder von neuem manifestieren können, einschließlich des Halsbandes und der Inschrift. Außerdem kann ich in Ihnen ein machtvolles Medium erkennen, das in mir Erinnerungen an Zeiten vor vierzig Jahren geweckt hat. Ich danke Ihnen, gnädige Frau, Gott segne Sie."

Frau Bosc sah, dass der Hund eine große Freude zeigte. Dann löste er sich nach und nach auf. Ich muss dazu sagen, dass wir Graf De Lvoff nicht erwartet hatten und Frau Bosc ihn zum ersten Male sah. Die beiden hatten vorher keinerlei Kontakt miteinander gehabt. Ich für meinen Teil hatte nicht gewusst, dass der Hund des Grafen Sergio hieß.

Das Kind des Mediums spielt mit Lassie
(aber Lassie ist tot)

Horace Leaf, ein berühmter englischer Vortragsreisender und Schriftsteller, der mit medialen Fähigkeiten begabt war, berichtet in *Psychic News* (1934) über wiederholte Erscheinungen von einem Hund, die sein eigenes Kind wahrgenommen hatte.

In unserem Forschungsgebiet sind die Zeugenberichte von Kindern von besonderem Wert, wobei diese wiederholt und mit bedachter Sorgfältigkeit beobachtet werden sollten, um sicherzugehen, dass es sich nicht um reine Phantasie handelt. Das geschah meinem Sohn, als er noch klein war. Er sah täglich unsere verstorbene Hündin Lassie und spielte mit ihr.

Der Berichterstatter beschreibt ausführlich Lassies Geschichte; sie war keine reinrassige Hündin und nicht besonders schön, aber von außergewöhnlicher Intelligenz und einem ausgeprägten Mutterinstinkt, der sich darin ausdrückte, dass sie sich liebevoll um das Kind kümmerte, es beschützte und verteidigte. Dann fuhr er fort: „Auch nach ihrem Tod erfüllte die Hündin noch lange ihre Aufgabe als Wächterin und Spielgefährtin meines Sohnes; das Kind wartete jeden Tag auf das Eintreffen seiner Gefährtin, der Hündin, als ob es sich dabei um etwas ganz Normales handelte."

Ich streite nicht ab, dass ein orthodoxer Psychologe darin einfach nur eine Illusion des Kindes und nichts anderes sehen würde; aber weder der genannte Psychologe noch die Eltern des Kindes hätten es davon überzeugen können. Inzwischen ist es zum Mann herangewachsen und immer noch felsenfest davon überzeugt, dass es mit Sicherheit seine gute Lassie war, die jeden Tag aus dem Jenseits zu ihm kam.

Die Katze kehrt zu ihrem Frauchen zurück, um Mäuse zu jagen.

Ernest Duxburg berichtet in der Zeitschrift *Light* (1921) folgendes Erlebnis:

„Die Frage des Überlebens der Tierseele kann wissenschaftlich nur so gelöst werden: Man muss eine ausreichende Zahl von gut gesicherten Fakten sammeln, die den Beweis eines solchen Überlebens erbringen. Die philosophischen Erörterungen zu diesem Thema sind unweigerlich überflüssig.

Das folgende Ereignis liegt noch nicht lange zurück, und ich habe mich entschlossen, es zu veröffentlichen, weil ich seiner Echtheit sehr sicher bin, egal, welchen Schluss man aus diesem Ereignis ziehen will. Es geschah einer ehrbaren Dame aus meiner Bekanntschaft, die über mediale Fähigkeiten verfügt, obwohl sie diese nie weiter entwickelt hat. Ich möchte hinzufügen, dass ich persönlich über die Umstände informiert bin, die diese Dame in die Umgebung führten, wo sich das Ereignis abspielte. Der Bericht, den ich hier wiedergebe, ist von ihr selbst, von der ich nur die Anfangsbuchstaben ihres Namens N.Y.Z. wiedergeben darf, verfasst und unterschrieben. Sie erzählte folgendes: „Da ich erst vor kurzem aus dem Ausland in England angekommen war, musste ich in einem alten Haus in London ein möbliertes Zimmer mieten; bald darauf merkte ich, dass dort Mäuse hausten, die nachts allen möglichen Lärm machten, herumliefen und fiepten. Um mich vor diesen wenig sympathischen Gästen zu schützen, lieh ich mir eine schöne kleine Katze aus, die sich gleich von Anfang an bei mir wohlzufühlen schien. Ich bin eine Liebhaberin von Katzen, und die kleine Katze beantwortete meine Liebesbezeugungen ihrerseits mit Zärtlichkeiten. Sie schlief in meinem Bett und legte ihre Vorderpfoten um meinen Hals, wobei sie kräftig schnarchte, so das ich fast nicht schlafen konnte. Leider wurde diese Katze krank. Eines Abends kehrte ich gegen 22.00 Uhr nach Hause zurück und fand sie zu meinem großen Bedauern tot vor.

Noch in der gleichen Nacht begannen die Mäuse wieder ihr Unwesen zu treiben. Daher beschloss ich, die Gaslampe anzuzünden und zu lesen, denn ich wagte es nicht, in solcher Gesellschaft einzuschlafen. Aber der Gasvorrat, der auf Zähler lief, war fast verbraucht, und gegen drei Uhr morgens ging die Flamme aus. Daher zündete ich ein Nachtlicht an und verkroch mich unter der Bettdecke, weil die Anwesenheit dieser Nagetiere mir Ekel und Angst verursachte. Plötzlich hörte ich das Kätzchen wieder laut schnarchen. Ich lauschte etwa eine Minute lang, dann beschloss ich, den Kopf zu heben und nachzusehen, denn ich wollte diesem seltsamen Fall nachgehen. Ich sah an einer Seite des Bettes, gegenüber der Wand, auf der Höhe von meinem Kopf, eine Art stumpfe Scheibe mit einem Durchmesser von etwas 30 cm, in deren Mitte nach und nach die Umrisse einer schwarzweißen Katze entstanden, die mit der vor kurzem verstorbenen völlig identisch war. Sie schaute mich an und bewegte wiederholt ihren Kopf auf eine Art, wie es das tote Kätzchen getan hatte. Dann wurde ihr Körper einige Sekunden lang transparent, er nahm jedoch sofort wieder eine stumpfe Form an, die dichter als vorher war. Dann sah ich, wie das Kätzchen nach oben schaute, so als ob dort jemand wäre. Diese Erscheinung war so wirklich, dass ich mit dem ins Leben zurückgekehrten Kätzchen zu sprechen begann, wie ich es tat, als es noch lebte. Aber plötzlich löste sie sich auf. Insgesamt dauerte dieses Phänomen nur kurze Zeit, aber ich wurde in der ganzen Nacht nicht mehr von den Mäusen gestört, obwohl ich nur in langen Abständen kurz einschlafen konnte.

Tramp wacht auch als toter Hund.

Der folgende Zeugenbericht stammt aus der Zeitschrift *Light* (1925). Mary Barnard erzählt:

„Ich besaß einmal einen Rauhaar-Terrier. Er hieß Tramp und war der intelligenteste und treueste Hund, den ich je hatte. Er starb in hohem Alter. Sechs Monate nach seinem Tode befand ich mich eines Tages allein im Haus, als ich deutlich das grelle ´Alarmbellen´ durchs Haus schallen hörte, mit dem Tramp die Anwesenheit von Eindringlingen signalisierte. Ich dachte: „Was ist nur los? Es ist Tramp, der da bellt, aber das kann doch nicht sein." Sogleich folgten drei weitere scharfe, durchdringende Alarmsignale. Ich stand sofort auf und lief zur Haustür, aber als ich am Treppenabsatz ankam, sah ich einen Mann, der vorsichtig heraufkam, ohne Schrittgeräusche zu machen. Erschrocken begann ich nach meinem Mann zu rufen (der jedoch nicht da war) und schrie: „Komm schnell, komm her! Da ist ein Mann im Haus." Der Einbrecher floh sofort Hals über Kopf. In der gleichen Nacht wurde im Nachbarhaus eingebrochen. Man könnte sagen, dass der treue Tramp mich auch als Geist beschützt hat. Tatsache ist jedenfalls, dass diese scharfe Art zu bellen ganz typisch für ihn war."

Eine Katze kehrt nach dem Tod zurück, um ihre kranke Besitzerin zu besuchen.

In der Zeitschrift *Psychic Research* (1928) veröffentlichte Nora Chesson den folgenden Bericht:

„Eine unvorhergesehene Erkrankung hatte mich eine Woche lang gezwungen, im Bett zu bleiben. Ich hatte mich während dieser Zeit gewundert, dass meine kleine Katze Minnie nie kam, um mich im Zimmer zu besuchen, wie sie es sonst tat. Aber alles in allem nahm ich an, ihre plötzliche Gleichgültigkeit meinen Zärtlichkeiten gegenüber hinge mit ihrer mütterlichen Hingabe an ihren Wurf kleiner Katzen, den sie gerade aufzog, zusammen, obwohl sie bereits sechs Wochen alt waren.

Am ersten Tag meiner Rekonvaleszenz, ich begann bereits aufzustehen und mich in den Sessel zu setzen, bemerkte ich, dass die halb verschlossene Tür meines Zimmers sich scheinbar ohne äußeres Zutun ein wenig öffnete; dann erschien jedoch gleich meine Minnie. Sie kam zu mir, rieb liebevoll ihr gestreiftes Fell an meinem Rock in einer Begrüßung, mit der sie mir gute Besserung wünschte. Dann nahm sie mit einer graziösen, ihr ganz eigenen Geste meine Hand zwischen ihre Pfoten und leckte mir die Finger. Während ich sie an ihrer weißen Kehle kraulte, spürte ich ihr vibrierendes Schnurren. Danach drehte sich Minnie brüsk um und trottete davon.

Als das Zimmermädchen kam, um mir mein Frühstück zu bringen, sagte ich zu ihr: „Endlich ist Minnie zu mir gekommen; ich wundere mich, dass es so lange gedauert hat, bis sie sich an ihre Pflichten erinnerte." Das Mädchen sah mich entgeistert an; dann sagte sie: „Minnie ist seit zwei Tagen tot. Wir haben sie im Garten begraben. Ihre Kleinen mauzen ohne Ende. Ihre Mutter hat angeordnet, Ihnen nichts davon zu sagen, bis sie wieder gesund sind, weil sie wusste, wie sehr sie an dem Kätzchen gehangen haben."

Diese traurige Nachricht war leider wahr. Der Gärtner hatte einen kleinen Grabstein auf die Stelle gesetzt, an der sie beerdigt worden war. Und dennoch war Minnie gekommen, um mich zu meiner Genesung zu beglückwünschen! Wird es je möglich sein, ein solches Ereignis wissenschaftlich zu erklären? Mir ist es gleich; denn ich weiß, dass solche Erscheinungen vorkommen."

Der kleine Terrier, der unters Auto kam

Auch dieser Fall ist der Zeitschrift *Light* (1926) entnommen. Harris Shaddick schrieb folgendes Erlebnis an die Redaktion.

„Sehr geehrter Herr Direktor, ich hatte ein Erlebnis, das mich dazu brachte, mich darüber zu informieren, ob es häufiger Fälle gibt, in denen normale und intelligente Menschen von Ereignissen berichten, die ihnen wiederfuhren und dazu geeignet sind, das Weiterleben von Katzen und Hunden nach ihrem körperlichen Tod zu belegen. Sollte es unter den Lesern Ihrer Zeitschrift jemanden geben, der mich darüber aufklären kann, wäre ich ihm dafür dankbar.

Jedenfalls hatte ich folgendes Erlebnis in einem Dorf in Wiltshire, in einem Haus, das ich noch nie betreten hatte, und in dem eine Dame wohnt, die ich nicht kannte.

Als ich an ihrer Tür klingelte und darum bat, die genannte Dame sprechen zu dürfen, ließ man mich in den Salon und forderte mich auf, dort zu warten.

Während ich dort saß, sah ich plötzlich vor mir die Erscheinung eines Terrier-Hündchens. Es durchquerte das Zimmer, ohne mich zu beachten. Ich bemerkte, dass seine Schnauze schrecklich zerquetscht war und blutete, aber da ich gleichzeitig gesehen hatte, dass sein Körper transparent war, dachte ich, den Geist des Hündchens vor mir zu haben. Als die Dame eintrat, begann ich ihr zu berichten, was ich gerade gesehen hatte. Sie bemerkte unter sichtlichem Erstaunen, sie habe vor drei Jahren einen kleinen Terrier besessen, der ihr großer Liebling gewesen sei. Er war bei einem Unfall auf der Straße gestorben. Ein Auto hatte ihn überfahren, und die Reifen hatten seine Schnauze zerquetscht."

In diesem Fall ist die Besonderheit, die jeden Zweifel an der realen Präsenz des Hundegeistes ausräumt, eben das Vorhandensein der zerquetschten, blutenden Schnauze, die der Berichterstatter gesehen hatte. Man könnte sich nun fragen: „Aber wieso hat sich das Hündchen vor einem Fremden manifestiert, wenn es sich doch seiner Besitzerin nie gezeigt hatte?" Die Antwort ist einfach. Die Besitzerin hatte keine ´sensitiven´ Fähigkeiten; wohingegen der Berichterstatter, ohne es zu wissen, offensichtlich damit begabt war.

Zwei zarte Episoden erzählte mir meine Freundin Heide Wagner von ihren Katzen:

Püllemann, ein großer Tigerkater, war damals etwa sieben Jahre alt, als er sich den Hinterlauf arg verstauchte. Doch an seine Freiheit gewöhnt, humpelte er trotz sichtlicher Schmerzen weiter durch den Garten. Kater Jonas, etwas später in die Hausgemeinschaft gekommen, hockte im Gebüsch und beobachtete eine Weile den schleppenden Gang seines lädierten Kumpanen. Endlich streckte er sich, glitt mit grazilem Katzenschritt in Püllemanns Spur und folgte, plötzlich ebenfalls den rechten Hinterlauf nachziehend, seinem Freund wie ein zum Leben erwachter Schatten.

Besonders berührt hat mich diese ´Katzen-Miniatur´:
Eines von Heides vielen Katzenkindern war mit gut dreizehn Jahren am Ende seines Erdenlebens angekommen. Schon völlig abgemagert und den nahen Tod spürend, verkroch sich Pünktchen schließlich in seinem Kuschelkasten im Flur. Nach einer halben Stunde legte sich Püllemann zu dem sterbenden Kätzchen und bildete mit seinem Körper einen schützenden Kreis um das kraftlose Wesen. Sofort danach (ca. ½ Stunde) schlief Pünktchen in seiner Umarmung friedlich ein.

Franziskus

Ganz versunken in der Liebe zu Gott, sah der selige Franziskus die vollkommene Güte des Herrn nicht nur in seiner eigenen Seele, sondern auch in jedem Geschöpf. Wir, die wir mit dem seligen Franziskus zusammen waren und diese Dinge aufschrieben, können bezeugen, ihn viele Male sagen gehört zu haben: „Wenn ich zum Kaiser spreche, werde ich ihn anflehen und überreden, indem ich sage, er solle Gott und mir zuliebe ein besonderes Gesetz erlassen, dass niemand die Schwestern Lerchen fangen oder töten soll, noch ihnen sonst irgendein Leid antun. Außerdem sollen alle Gouverneure der Städte und Herren der Burgen verpflichtet sein, jedes Jahr am Tage der Geburt unseres Herrn den Menschen aufzuerlegen, Weizen und anderes Korn in den Straßen auszustreuen, draußen auf dem Land und vor den Burgen, damit die Schwester Lerche und die anderen Vögel etwas zu essen haben, an einem so hohen Feiertag und in Verehrung des Gottessohnes, den in jener Nacht die seligste Jungfrau in die Krippe zwischen den Ochsen und den Eseln legte. Jeder, der einen Ochsen oder Esel hat, soll verpflichtet sein, ihnen in jener Nacht reichlich Futter zu besorgen, auch die Armen sollen an diesem Tage von den Reichen mit guten Speisen gesättigt werden..." Er wollte, dass an diesem Tag jeder Christ Gott lobte und aus Liebe zu ihm, der uns sich selbst schenkte, alle reichlich nicht nur für die Armen, sondern auch für die Tiere und Vögel sorgten.

Geschrieben von Bruder Leone
und den Gefährten des Heiligen Franziskus

Noah

Schon in den ältesten Büchern der Bibel, seit den Zeiten des Gartens von Eden, leben Menschen und Tiere friedlich und in Freude miteinander – sie waren ja bereits vom gleichen Schicksal miteinander verbunden. Die Vertreibung aus dem Paradies betraf aufgrund eines mysteriösen kosmischen Planes leider auch sie. Sie stürzten mit uns auf die mit Mühen und Schmerzen beladene Erde, wurden zu Begleitern des Menschen, zu Lebensgefährten. Noah nahm sie mit auf seine Arche, um sie vor der Sintflut zu retten. Sie belohnten ihn, indem sie seine Boten wurden. Die Arche Noah ist das Symbol der Verbrüderung mit allen lebenden Wesen, die von Gott persönlich bekräftigt wurde.

Der Geist dessen, der dem üblen Brauch frönt,
Tiere zu töten, ist blind und im Irrtum verfangen.

Wer den Seelen der Tiere Böses tut,
begeht ein Verbrechen an seiner eigenen Seele.

Wenn die Seelen der Tiere, der Reptilien, der wilden Tiere
und der Vögel aus dem gleichen Licht geformt sind wie die
der Menschen, dann ist ihr Überleben im Jenseits gesichert.

Viele, die ihr ganzes Leben auf die Liebe verwendeten,
können uns weniger über sie sagen,
als ein Kind, das gestern seinen Hund verloren hat.

— THORNTON WILDER —

IV.
Krafttiere

Die alten schamanistischen Traditionen, vor allem jene der Indianer Nord- und Südamerikas, haben über viele Jahrhunderte hinweg ein tiefes Wissen über Tiere und ihre verborgenen Kräfte bewahrt. Es war häufig der Brauch, dass heranwachsende Krieger auf eine sogenannte „Visions-Suche" gingen, um dort ihr „Krafttier" zu finden. Dieses Krafttier gab ihnen nicht selten ihren Namen und wurde zugleich ihr Totem, das sie in schwierigen Situationen stärkte, schützte und inspirierte. Zugleich wussten die weisen Medizinmänner um den Symbol-Charakter der Tiere, die viele Charaktereigenschaften des Menschen gleichsam widerspiegeln.

Jamie Sams und David Carson haben in ihrem schamanistischen Einweihungsspiel „Karten der Kraft" dieses Wissen auf tiefsinnige Art und Weise zusammengetragen, und die nachfolgenden Tier-Beschreibungen sind von ihren Erkenntnissen inspiriert worden.

Adler

Die Adler-Kraft ist die Verbindung mit dem Göttlichen. Es ist die Fähigkeit, im Bereich des Geistigen zu leben und dennoch mit beiden Füßen auf dem Boden zu stehen.

Er schwingt sich auf und überblickt die Weite des gesamten Lebensplanes.

Der Adler lehrt uns, über das Sichtbare hinaus, den Geist auf unser Inneres zu richten.

Der Adler erinnert uns an das Recht auf Freiheit und an das Glück, unserer Herzensfreude zu folgen.

Ameise

Kann ich lernen, wie Du zu sein?
Oder ist das für mich zu fein?

Die Ameise kann ein Blatt Hunderte von Kilometern weit transportieren, wenn es darum geht, es zum Ameisenhaufen zurückzubringen. Die Ameisen verkörpern die Strategie der Geduld.

Die Ameise ist ein Baumeister wie der Biber, angriffslustig wie der Dachs, ausdauernd wie der Wapiti, genau wie die Maus und großzügig wie der Truthahn.

Jede Ameise im Hügel ist Teil des Ameisen-Gruppenbewusstseins, denn alle Ameisen arbeiten für die Ameisenkönigin und den Ameisenstaat. Am stärksten aber ist die Geduld.

Ameisen-Leute sind aktive, Gruppen-orierentierte Menschen, die sich um die zukünftigen Belange und Bedürfnisse ihrer Stadt kümmern. Sie sind Planer wie die Eichhörnchen und nehmen dankbar zur Kenntnis, wenn ihre Vorstellungen schrittweise verwirklicht werden.

Die Ameise arbeitet für das Wohl des Ganzen. Tun wir das auch? Wenn ja, dann können wir sicher sein, dass das Ganze auch an unserem Wohl interessiert ist und sich dafür einsetzt.

Antilope

Die Antilope steht für vernunftgeleitetes Handeln. Wenn wir die Antilope betrachten, werden wir uns unserer Sterblichkeit bewusst und der kleinen Zeitspanne, die wir auf diesem Planeten zur Verfügung haben. Wenn wir uns das vor Augen halten, müssen wir entsprechend handeln. Richtiges Handeln gefällt dem Großen Geheimnis. Antilopenkraft ist das Wissen um die Kreisläufe des Lebens. Weil sie vom Tod weiß, kann die Antilope wahrhaft leben. Handeln ist der Schlüssel und der Kern des Lebens. Antilopen-Medizin verleiht uns die Kraft des Verstandes und der Herzensstärke sowie die Fähigkeit, schnell und entschlossen zu handeln, um etwas Bestimmtes zu erreichen.

Die Antilope sagt: „Tue es jetzt. Warte nicht länger." Die Furcht vor dem Unbekannten kommt zur Ruhe, sobald das Handeln einsetzt.

Bär

Die Bären-Kraft ist die Stärke der Selbstbeobachtung. Im Winter zieht sich der Bär in den Höhlenbauch zum Winterschlaf zurück, um die Erfahrungen des Jahres zu verarbeiten. Auch der Mensch braucht, um seine Wahrheit zu finden, die Kunst der Selbstbetrachtung.

Seit ewigen Zeiten haben alle Sucher auf dem Weg, die die Wahrheit zu verwirklichen trachten, den Weg des Schweigens praktiziert.

Berglöwe

Die Kraft des Berglöwen enthält Lektionen über die Macht, die im Führen liegt. Die Kraft des Berglöwen liegt in der Begabung zu führen, ohne dass daraus für die anderen ein Zwang zu folgen entsteht. Die Nutzung und der Missbrauch von Macht sind Aspekte dieser großartigen Katze.

Wenn wir den graziösen Gang des Berglöwen beobachten, dann lernen wir, wie man Macht, Absicht, physische Stärke und Grazie im Gleichgewicht hält. Auf den Menschen übertragen, ist das die Balance zwischen Körper, Verstand und Geist.

Die riesige Katze verschwendet niemals etwas. Sie tötet nur, was sie für ihr Überleben braucht.

Wenn wir die Machtstellung des Berglöwen halten wollen, müssen wir ihm den Frieden aufrechterhalten.

Biber

Im Königreich der Tiere ist der Biber der Tatkräftige.

Der Biber verkörpert einen starken Sinn für Familie und Zuhause. Wenn der Biber sich ein Haus baut, dann plant er immer mehrere Fluchtwege ein.

Ein tatkräftiger Mensch ist fleißig, und der Biber weiß, dass Begrenzung die Produktivität zugrunde richtet.

Der Biber ist mit Zähnen ausgerüstet, die so scharf sind, dass er damit ganze Bäume fällen kann. Er hat einen Schwanz, der wie ein Paddel geformt ist, der ihm nicht nur zum Schwimmen, sondern auch zur Verteidigung seines Hinterteils sehr nützlich ist.

Um die Biber-Kraft zu verstehen, muss man die Kraft anschauen, die in der Arbeit liegt, um zu erkennen, dass man im Geist der Zusammenarbeit mit anderen etwas geschafft hat.

Der Biber rät auch, das Werk, das wir liebevoll errichtet haben, zu schützen. Er rät uns, ruhig und vertrauensvoll, aber nicht unvorsichtig zu sein. Dies erreichen wir mit der Kunst der Unterscheidung.

Büffel

Alle Tiere sind heilig, aber in vielen Traditionen ist der weiße Büffel das heiligste Geschöpf des Tierreiches.

Der Weiße Büffel kündigt die Zeit der Fülle und des Überflusses an.

Für die Prärie-Indianer war der Büffel die wichtigste Lebensgrundlage. Er gab Fleisch für die Ernährung, Fell für die

Bekleidung, warme Umhänge für die kalten Winter, und aus den Hufen wurde Leim gekocht.

Die Büffel-Medizin ist auch das Wissen, dass alles im Überfluss vorhanden ist, sofern alle Beziehungen als heilig geachtet werden und jedem einzelnen Teil der lebendigen Schöpfung mit Dankbarkeit begegnet wird.

Der Büffel wünschte schon immer, die Gaben, die sein Körper enthielt, zu verschenken. Stets zeigt er die Bereitschaft, auf Erden dem höchsten Zweck zu dienen, bevor er in die ewigen Jagdgründe des Geistes eingehen wird. Deshalb hat der Büffel nie mit seiner ganzen Macht versucht, den Jägern zu entkommen.

Den Weg einer anderen Person, selbst wenn er einem Kummer bereitet, anzuerkennen, gehört zu der Botschaft, die der Büffel bringt. Das könnte eine Zeit sein, in der man sich wieder des Lebenssinnes und des Wertes von Frieden versichert.

Der Büffel verkörpert die Einsicht, dass wir nichts ohne die Hilfe des Großen Geistes erreichen.

Dachs
• •

Der Dachs greift mit Macht an. Der Dachs ist schnell verärgert und noch schneller schießt er los.

Die Dachs-Kraft ist Angriffslust und die Bereitschaft, für das zu kämpfen, was er will. Allein die Vorstellung, dem Dachs begegnen zu können, bringt viele Tiere dazu, in Deckung zu gehen.

Menschen mit Dachs-Kraft handeln in Krisenfällen schnell und ohne Panik.

Sie drücken ihre Gefühle ohne Zögern und ohne Rücksicht

auf irgendwelche Folgen aus. Sie geben ungern den Ball ab, weil sie selber das Tor schießen wollen.

Dachs-Kraft kann auch auf den Heiler hinweisen, der sich traut, unkonventionelle Heilmethoden anzuwenden. Solche sind häufig die besten Heiler, weil sie auch in den kritischsten Fällen nicht aufgeben. Der Dachs macht die Arbeit bis zum Ende. Seine Gewissheit ist eine Quelle der Kraft.

> Bis Du Dein Ziel erreichst,
> Wisse um die innere Kraft,
> Die in Deiner Seele lebt.

Delphin

Der Delphin spricht über den Lebensatem, das einzige, ohne das die Menschen nicht länger als ein paar Minuten auskommen können, denn Sauerstoff ist die Quelle unseres Lebens.

Der Delphin hütet den heiligen Lebensatem und lehrt uns, wie wir Emotionen durch den Atem entlassen können. Der Delphin schwimmt und atmet, bevor er untertaucht und dann den Atem anhält, solange er unter Wasser bleibt. Wenn er wieder hochkommt, stößt er seinen Atem aus wie einen Sektkorken. Wir können uns der gleichen Technik bedienen. Es ist eine gute Übung, bevor man sich ins Schweigen begibt. Der Delphin lehrt uns, wie wir Lebenskraft durch unseren Atem nützen können. Er belebt jede Zelle unseres Körper und jedes Organ und überwindet die Grenzen und Dimensionen der körperlichen Welt.

Eichhörnchen

Das Eichhörnchen bringt uns bei, für den Winter vorauszuplanen. Die Sammel-Kraft, die in der Eichhörnchen-Energie liegt, ist eine große Hilfe. Sie lehrt uns, wie wir unsere Kräfte für Zeiten der Not sammeln und schonen können; wie wir etwas für einen späteren Gebrauch zurückhalten können, sei es ein Urteil, eine Meinung, ein Sparguthaben, Kerzen oder eine Essensreserve.

Das Eichhörnchen ist der Pfadfinder unter den Tieren, es ist allzeit bereit. In einer Zeit wie der unseren, wo die Verhältnisse und die Glückslagen sich schnell verändern, wappnet sich der Weise für die Zukunft. Die Botschaft lautet, vorbereitet zu sein, ohne deshalb in der Vorsorge aufzugehen.

Das Eichhörnchen hat aber auch eine andere Lektion für uns bereit. Es hat mit dem sicheren Platz zu tun, an dem wir verstecken, was wir gesammelt haben. Dieser sichere Platz ist ein ungetrübtes Herz und ein ungetrübter Verstand; und das, was gesammelt und dort hingebracht wird, ist Weisheit und Fürsorge. Die Energien, die dort eingelagert sind, machen Ihr Denken und Fühlen frei durch das Bewusstsein, dass alles zu seiner Zeit besorgt werden wird.

Richten wir dieses Bewusstsein auf unsere Zukunftsängste – und sie werden sich in Nichts auflösen.

Eidechse

Die Eidechse saß träge im Schatten eines großen Steines und schützte sich so vor der heißen Wüstensonne. Die Schlange kroch herbei, denn auch sie suchte Schatten, in dem sie sich zusammenrollen und ausruhen konnte. Die Schlange beobachtete die Eidechse eine Weile, währenddessen die Augäpfel der Eidechse hinter den riesigen geschlossenen Lidern hin- und herwanderten. Die Schlange zischelte, um Aufmerksamkeit zu bekommen. Langsam öffnete die Eidechse ihre verträumten Augen und kreischte: „Schlange, du hast mich erschreckt! Was willst du?"

Die Schlange spie die Antwort von ihrer Gabelzunge: „Eidechse, du hast immer die besten Schattenflecken, um dich vor der Hitze des Tages zu schützen. Dies hier ist der einzige größere Felsbrocken weit und breit. Willst du deinen Schatten nicht mit mir teilen?"

Die Eidechse überlegte einen Moment lang und willigte dann ein: „Schlange, du kannst den Schattenplatz mit mir teilen, aber du musst auf die andere Seite des Steins gehen und versprechen, dass du mich nicht störst."

Die Schlange wurde wütend: „Wie kann ich dich stören, Eidechs, wenn du nichts tust als schlafen?"

Die Eidechse lächelte überlegen: „Oh Schlange", sagte sie, „du bist so dumm. Ich schlafe doch nicht – ich träume."

„Und worin besteht der Unterschied zwischen schlafen und träumen?", wollte die Schlange wissen.

„Im Traum sehe ich die Zukunft", erklärte die Eidechse, „ich gehe dorthin, wo die Zukunft *schon lebendig* ist. Deshalb weiß ich, dass du mich heute nicht fressen wirst, verstehst du?

Ich träumte von dir und weiß deshalb, dass du mit Mäusen vollgefressen bist."

Die Schlange staunte, und dann rief sie aus: „Wie recht du hast, Eidechse! Hatte ich doch nicht verstanden, wie du deinen Schlafplatz so bereitwillig mit mir teilen wolltest!"

Die Eidechse lachte in sich hinein. „Schlange", sagte sie, „du suchst Schatten und ich suche Schatten. Wo die Träume *lebendig* sind, da ist Schatten."

Elch

Der Elch ist größer als der Wapiti und sehr stark.

Menschen mit der Kraft des Elchs haben die Begabung zu wissen, wann sie so freundlich wie ein Reh und wann so wütend wie ein Büffel auftreten müssen. Sie verstehen sich auf das Gleichgewicht, andere zu lenken, damit etwas vorangeht, und der Bereitschaft, selber Hand anzulegen.

Menschen mit Elch-Kraft wissen, was sie sagen, wann sie es sagen und zu wem sie es sagen.

Das Herzstück der Elch-Botschaft ist: Die Weisheit des Schweigens zu beherrschen, so dass Sie, wenn es an der Zeit ist zu reden, die Stimme stolz erheben können.

Eule

Die Kraft der Eule ist symbolisch mit Hellsichtigkeit verbunden. Die Eule wird als NACHTADLER bezeichnet. Seit undenklichen Zeiten sind die Menschen in der Nacht ängstlich. Im Gegensatz dazu ist die Nacht die Freundin der Eule.

Die Eule jagt nachts ihre Beute. Sie kann nicht nur in der Nacht sehen, sie kann auch ganz haarscharf jeden Ton hören und orten. Eulen sind Nachtjäger. Man hört nicht, wenn die Eulen fliegen. Aber wenn sie zuschlagen, dann merken das ihre Opfer sehr wohl, denn ihre Schnäbel und Krallen sind messerscharf.

Sie sehen, was andere nicht sehen; sie hören, was andere nicht hören; und sie hüten das Wesen der Weisheit.

Menschen mit Eulenkraft wissen mehr über das Innenleben einer Person, als diese Person selber weiß.

Die Eule hilft Ihnen, die ganze Wahrheit zu erfassen. Und die Wahrheit führt zu immer tieferer Erleuchtung.

Falke

Der Falke ist der Götterbote.

Die Falkenkraft lehrt uns, scharf zu beobachten sowie wach und achtsam zu sein für die Zeichen des Naheliegenden (den Weg der Wahrheit zu suchen).

Der Falke hat ein scharfes Auge und ein mutiges Herz, denn er fliegt nahe an das göttliche Sonnenlicht heran.

Fledermaus

Und schon wieder legt sich Finsternis
Über die Reise dieser Seele.

Mit der Fledermaus verbindet sich die Vorstellung vom Tod. Der Tod ist der symbolische Tod des Eingeweihten, durch den er sich von seinen alten Gewohnheiten und seiner alten Persönlichkeit trennt. Die Fledermaus-Kraft zeigt an, dass ein Teil des alten Lebens nicht mehr zu den Anfängen einer neuen Entwicklung passt. Entweder müssen wir nur alte Gewohnheiten aufgeben oder wir nehmen eine Stellung im Leben ein, die uns auf eine Wiedergeburt vorbereitet. Wenn wir der Bestimmung Widerstand entgegensetzen, kann das ein langes, sich ewig hinziehendes oder schmerzhaftes Sterben sein. Das Universum verlangt immer, dass wir wachsen und uns die Zukunft aneignen.

Fuchs

Reineke Fuchs hat viele Verbündete im Wald. Dazu gehört das Laubwerk, das ihm Schutz und Kraft gibt.

Für jemanden, der beobachtet, was die anderen machen, ist die Fähigkeit, unbemerkt mit der eigenen Umgebung zu verschmelzen, eine machtvolle Begabung.

Eine natürliche Begabung des Fuchses ist seine Fähigkeit, im Winter die Farbe zu wechseln, so wie das Chamäleon. Sein dichter weißer Winterpelz erlaubt es ihm, sich mit dem Schnee zu vermischen, wenn die Blätter keinen Schutz mehr bieten.

Zur Fuchs-Kraft gehören Anpassungsfähigkeit, List, Beobachtungsgabe, Einfühlungsvermögen und Schnelligkeit im Denken und Handeln. Diese Eigenschaften schließen auch Entscheidungsfreude und sicheres Auftreten ein. Seine Fähigkeit, ungesehen zu bleiben, versetzt ihn in die Lage, die Familieneinheit zu schützen. Wenn sich Gefahr nähert, ist der Fuchs zur Stelle. Der Fuchs lehrt uns die Kunst der Einheit dadurch, dass wir die Tarnung verstehen lernen. Das reicht durch alle Stufen des Seins; von den Steinen bis zu Gott. Wenn wir Fuchs-Kraft haben, sind wir aufgefordert, alle Anwendungsmöglichkeiten von Einheit zu erkennen. Werden wir Fuchs und empfinden die Freude, die darin liegt, dass wir den Spielplatz des Lebens kennen.

Gürteltier

Das Gürteltier trägt seine Rüstung auf dem Rücken. Seine Sicherheitsgrenzen sind Bestandteile seines Wesens. Das Gürteltier kann sich zu einer Kugel zusammenrollen, und keiner seiner Feinde kann dann durch seine Panzerung hindurch an es herankommen.

Was für ein Geschenk doch die Fähigkeit ist, sich so abzugrenzen, dass böse Worte oder zerstörerische Absichten einfach abprallen.

Fragen wir uns, ob wir wirklich deprimiert sind oder ob diese Empfindung eigentlich der Person gehört, mit der wir gerade sprechen. Das Gürteltier soll dann seinen Panzer zwischen sich selbst und die andere Person gleiten lassen, damit wir unser Selbstwertgefühl zurückbekommen.

Die Weigerung, aus der Rüstung, die uns zum Schutz gedient hat, auch wieder auszusteigen, ist es, vor der wir uns fürchten müssen. Wird der Schutz zum Gefängnis, dann sind unsere Ängste der Grund des Verschlossenseins.

Hase

Menschen mit der Kraft des Hasen sind derart ängstlich, dass irgendeine Tragödie, Krankheit, Katastrophe oder irgendein GEFANGEN-WERDEN sie ereilen könnte, dass sie diese Ängste zu sich rufen, damit sie ihnen eine Lektion erteilen. Der Grundton ist: Wem sie widerstehen, das besteht. Oder: Was sie am meisten befürchten, tritt am ehesten ein.

Es gibt immer einen Weg aus einer Situation, weil die Kräfte des Universums ständig in Bewegung sind. Ihr Erfolg hängt davon ab, wie wir unsere Probleme handhaben.

Kolibri

Alle Süße der Blumen
Ist die Liebe, die Du gabst.

Das Lied des Kolibris weckt die Blumen auf. Das Summen des Kolibris ist ein Schwingen der reinsten Freude. Die Blumen lieben den Kolibri, weil sein Nektar-Sammeln ihre Familien vermehrt. Pflanzen blühen und leben für den Kolibri.

Der Kolibri kann in jede Richtung fliegen – hinauf, nach hinten, rückwärts und vorwärts. Er kann auf der Stelle stehen bleiben und aussehen, als würde er sich bewegen.

Es heißt, der Kolibri beschwört Liebe herauf wie kein anderer Zauberer. Ohne ein offenes und liebendes Herz kann niemand den Segen des Lebens genießen. Für Bruder und Schwester Kolibri ist das Leben ein Wunderland der Glückseligkeit.

Koyote

In den Verrücktheiten seiner Taten erkennen wir unsere eigenen Verrücktheiten. Während der Koyote von einem Desaster zum nächsten geht, verfeinert er die Kunst der Eigen-Sabotage zu höchster Perfektion. Der Koyote ist ein Trickkünstler, und in ihm ist der Humor der Weltgeschichte eingeschlossen. Alle Lebewesen, die dem Koyoten folgen, unterliegen diesem kosmischen Scherz. Wer dazugehört, kann andere davon überzeugen, dass ein Skunk nach Rosen duftet. Die Wahrheit aber bleibt, dass es ein Stinktier ist.

Krähe

Wenn wir ihr tief ins Auge schauen, finden wir dort das Tor in die Welt des Übernatürlichen. Die Krähe kennt die unbekannten Geheimnisse der Schöpfung und hütet alle heiligen Gesetze. Weil die Krähe die Hüterin der Heiligen Gesetze ist, kann sie die Gesetze der physischen Welt brechen und von einer Form in die andere wechseln. Diese Fähigkeit ist selten und einzigartig. Die Krähen-Medizin verweist auf ein Wissen von richtig und falsch aus erster Hand, das von höherer Ordnung ist als das Wissen, aus dem die Gesetze und Kulturen der Menschen geschaffen sind. Wer Krähen-Kraft hat, kann mit mächtiger Stimme darüber reden, dass etwas aus dem Gleichgewicht geraten, unharmonisch, nicht in Ordnung oder ungerecht ist.

Lassen wir Brüche der physikalischen Gesetze zu, um mitzuhelfen, eine Welt mit neuer Form, eine Friedenswelt, zu schaffen.

Libelle
• •

Die Libelle symbolisiert die Winde der Veränderung, die Botschaft von Weisheit und Erleuchtung und die Lehren aus der Welt der Elemente. Die Welt der Elemente setzt sich aus winzigen Pflanzengeistern aus den Elementen Luft, Erde, Feuer und Wasser zusammen. Es ist das Reich der Naturgeister.

Libellen-Kraft ermuntert uns immer dazu, die Gewohnheiten aufzuspüren, die wir verändern sollten.

Wenn wir die Notwendigkeit der Veränderung spüren, rufen wir die Libellen-Kraft, damit wir durch die Nebel der Täuschung auf den Weg der Verwandlung geführt werden.

Luchs
• •

Wenn wir ein Geheimnis aufklären wollen, müssen wir den Luchs befragen. Es ist sehr schwer, den verschwiegenen Luchs zum Sprechen zu bringen.

Der Luchs bewahrt die Geheimnisse vergessenen Wissens. Er bewegt sich frei durch Zeit und Raum und geht in das Große Schweigen, um ein Mysterium zu enträtseln. Der Luchs ist nicht der Hüter, sondern der Kenner der Geheimnisse.

Schwierig ist nur, wie man den Luchs dazu bringt, dass er einen anderen einweiht. Die Kraft des Luchses ist eine ganz besondere Art von Hellsichtigkeit.

Bruder oder Schwester Luchs können uns Dinge über uns selbst und die ganz persönliche Macht beibringen, die wir vergessen haben. Der Luchs kann uns zu verlorenen Schätzen führen und mit vergessener Brüderlichkeit und Schwesterlichkeit zusammenbringen. Mit rätselhaftem Lächeln blickt die große Katze übers Land – auf ferne Horizonte.

Maus

Die Maus sagt: „Ich berühre alles mit meinen Barthaaren, um genau zu wissen, was es ist."

Die Maus hat viele Raubtiere zum Feind, einschließlich Vögel, Schlangen und Katzen. Doch weil die Maus so vielen Tieren als Mahlzeit dient, hat sie einen ausgesprochen fein entwickelten Sinn für Gefahr in jedem Augenblick.

Die Botschaft der Maus ist es, genauestens hinzuschauen und dann entsprechend zu reagieren.

Oppossum

Sich-Totstellen ist der beste Schutz des Oppossums. Dadurch verwirrt die Beutelratte viele ihrer räuberischen Verfolger so sehr, dass sie glauben, die Jagd sei vorbei. Wenn gar nichts mehr nützt, stellt das Oppossum sich tot. Obwohl es mit Zähnen und Krallen kämpfen kann, benützt es diese Verteidigungsform äußerst selten. Stattdessen setzt es auf die Strategie der Ablenkung, sobald die Dinge etwas problematischer werden. Das Oppossum entwickelt eine Verstellungskunst, die den Oscar einer Akademie im Königreich der Tiere verdient.

Der richtige Einsatz der Ablenkung gelingt jedoch erst dann, wenn Sie wissen, wann sie keinerlei Ablenkungsmanöver benötigen. Sie schulden niemandem eine Erklärung dafür, wie Sie sich fühlen oder welche Erfahrungen sie durchmachen.

Indem wir daran festhalten, uns nicht zu verteidigen, haben wir das Recht erworben, ohne jede Verstellung zu *sein*, wer und was wir sind.

Otter

Dieses fröhliche kleine Geschöpf ist abenteuerlustig und geht davon aus, dass alle anderen Geschöpfe ebenfalls freundlich sind – bis zur Erfahrung des Gegenteils.

Diese Eigenschaften machen die Schönheit der weiblichen Seite aus, so dass sie ohne Vorurteile in unser Leben treten kann.

Der Otter lehrt uns, dass eine ausgeglichene weibliche Energie nicht eifersüchtig ist. Sie ist schwesterlich und zufrieden, wenn sie sich am Glück anderer mitfreuen kann.

Sie ist tief verwurzelt in dem Bewusstsein, dass alle Errungenschaften Einzelner allen anderen zugute kommen und sie ihre Freude über andere frei zum Ausdruck bringen.

Pferd

Das Pferd steht zugleich für physische Kraft und unirdische Macht. Die Menschheit ist dem Pferd für die neue Energie, die es gebracht hat, in einem Maße Dank schuldig, die jenseits aller Messbarkeit liegt. Wenn das Pferd den Menschen auf seinem Rücken nicht angenommen hätte, müssten wir weit laufen, um unsere Brüder und Schwestern zu sehen. Noch heute drücken wir, in Erinnerung an die Zeit, in der das Pferd dem Menschen ein hochgepriesener und geehrter Partner war, die Kraft eines Motors in Pferdestärken aus.

Die Kraft des Pferdes liegt in der Macht seiner Weisheit, die sich an eine ganze Reise erinnert. Weisheit kommt auch von den Wegstrecken, die man in den Schuhen von anderen zurückgelegt hat.

Mitgefühl, Fürsorge, Lehren, Liebe, Schenken, Teilen sind die Tore zur Kraft.

Jeder Mensch muss diesem Weg zu Macht folgen, bevor er auf den Schicksalswinden davongaloppieren kann.

Rabe

In allen Zeiten hat der Rabe die Kraft der Magie besessen.

Diejenigen, die den Raben fürchten, haben vielleicht in Bereichen herumgepfuscht, von denen sie keine Ahnung hatten, und möglicherweise ist ein Zauberspruch auf sie zurückgefallen. Den Raben werden wir nur dann fürchten, wenn wir etwas über unsere tiefsten Ängste und selbstgemachten Dämonen lernen müssen.

Der Rabenzauber ist machtvoll und kann uns den Mut verleihen, die Dunkelheit der Leere, das Große Geheimnis, zu betreten, dem Zuhause von allem, was noch keine Form hat.

Der Rabe ist der Botschafter der Leere.

Der Rabe lenkt den Heilzauber und die Bewusstseinsveränderung, die eine neue Wirklichkeit schafft und Krankheiten vertreibt.

Der Rabe bringt einen neuen Zustand des Wohlbefindens aus

der Leere des Großen Geheimnisses hervor und entnimmt seine
Gaben dem Feld der Fülle.

Reh

. . . .

Des Rehs beharrliche Liebe und Freundlichkeit vermag selbst
die Dämonen zu verwandeln.

Das Reh lehrt uns, die Kraft der Freundlichkeit zu nutzen,
um die Herzen und die Gedanken verletzter Geschöpfe zu
berühren.

Deshalb soll sowohl das Licht als auch die Dunkelheit von
uns geliebt werden, damit Freundlichkeit und Sicherheit in all
denen wachse, die Frieden suchen.

Schildkröte

. . . .

Die Schildkröte lehrt uns, wie wir uns schützen können.
Wenn wir durch Worte oder Handlungen verletzt werden,
dann sollten wir uns zurückziehen und unsere Gefühle schützen. Wenn wir angegriffen werden, schnappen wir einmal
zur Warnung.

Mit ihrer unermüdlichen Gangart warnt die Schildkröte vor
der Gefahr, der Zeit vorauszueilen. Das Korn, das geschnitten
wird, bevor es reif ist, kann nicht gedroschen werden, jedoch
zu seiner Zeit gereift, ernährt es viele.

Die Schildkröte verbirgt ihre Gedanken so wie sie ihre Eier
im Sand vergräbt, wo sie die Kleinen von der Sonne ausbrüten
lässt. Sie lehrt uns, dass man seine Ideen erst zur Reife bringen
sollte, bevor man sie dem Licht der Öffentlichkeit aussetzt.

Schlange

Menschen mit Schlangen-Kraft haben viele Schlangenbisse körperlicher, geistiger oder emotionaler Natur transformiert und in Schöpfungskraft verwandelt; das heißt, sie haben die Sexualität transformiert und Unsterblichkeit verwirklicht.

Im materiellen Bereich erzeugt diese Feuer-Energie Leidenschaft, Begierde, Fortpflanzung und physische Vitalität.

Im emotionalen Bereich bringt sie Ehrgeiz, Kreativität und Entschlusskraft hervor. Im Verstandesbereich wird sie zu Intellekt, Macht und Führungskraft; und wenn sie den geistigen Bereich berührt, dann entstehen Weisheit, Verständnis, Ganzheit und Verbindung zum Göttlichen Geist.

Schmetterling

Die Schmetterlings-Kraft ist das Vermögen, die Gedanken zu erkennen und das Denken zu verändern. Es ist die Kunst der Transformation. Der Schmetterling lehrt uns, die nicht endende Entwicklung der Selbstverwandlung.

Wieso steht der Schmetterling für Mut?

Weil die Welt außerhalb so verschieden von der inneren Welt ist und die alten Erfahrungen dort nicht angewendet werden können. Um so mit neuen Flügeln einer größeren Freiheit entgegen zu fliegen.

Schwan

Die Kraft des Schwans ist Leuten zu eigen, die in die Zukunft sehen. Sie haben die Begabung, sich der Macht des Großen Geistes zu ergeben und die Heilung und Veränderung ihres Lebens zuzulassen. Die Schwan-Kraft fordert uns auf, unsere Fähigkeit, das Zukünftige vorherzuwissen, ruhig anzunehmen. Es ist das Achten auf die Vorahnungen unserer intuitiven Seite.

Spinne

Der Körper der Spinne ist wie die Zahl 8 gebaut und besteht aus zwei lappenähnlichen Teilen, die an der Hüfte miteinander verbunden sind, und aus acht Beinen. Die Spinne ist das Symbol der unendlichen Möglichkeiten, die in der Schöpfung offenbar werden können. Die Spinne webt die Schicksalsnetze für diejenigen, die sich in ihrem Netz fangen und von ihr verspeist werden. Das ist vergleichbar mit Menschen, die sich von den Sinnestäuschungen der körperlichen Welt fangen lassen und nicht imstande sind, über ihren eigenen Horizont hinaus in andere Dimensionen hineinzuschauen. Die wichtigste Botschaft, welche die Spinne uns zu vermitteln hat, ist die, dass wir ein unendliches Geschöpf sind, das die Lebensmuster durch die Zeitläufe hindurch weiterwebt, um die Offenheit des ewigen Plans zu entdecken.

Stachelschwein

Die Stacheln werden nur gebraucht, wenn das Vertrauen zwischen dem Stachelschwein und einem anderen Geschöpf gestört ist.

Ähnlich wie der Otter, ist es ein freundliches, liebevolles Geschöpf und nicht aggressiv. Wenn es sich nicht fürchten muss, lässt es sich von Hand füttern, ohne dass man mit den Stacheln in Berührung kommt.

Das Stachelschwein besitzt die Kraft des Glaubens und des Vertrauens. In der Kraft des Glaubens ist die Fähigkeit enthalten, Berge zu versetzen. Die Kraft des Vertrauens schließt die Gewissheit mit ein, dass der Göttliche Geist einen Plan verfolgt.

Stinktier

Der Skunk bedroht nicht unser Leben, sondern nur unseren Geruchssinn. Wer jemals seine Nähe erfahren hat, weiß es. Dieses verspielte und lässige Tier zwingt uns, seinen Raum zu respektieren. Wie bei einem Skunk wird auch bei einem Menschen das energetische Magnetfeld um seinen Körper wahrgenommen.

Indem wir uns selbst respektieren, werden alle jene abgewiesen, die eines anderen Geistes sind und diejenigen anziehen, die den gleichen Weg suchen.

Truthahn

Wie großzügig Du gibst,
Von allem, was Du bist,
Damit die anderen leben.

Wenn wir Truthahn-Kraft haben, ist das ein Grund zu feiern. Wir haben viele Tugenden und haben unser Ego überwunden. Wir handeln und reagieren im Sinne der anderen. Wir streben danach, denen zu helfen, die der Hilfe bedürfen.

Truthahn-Kraft ruht im wahren Ego. Ihr Ziel ist die Erleuchtung. Anderen Gutes zu tun und den Menschen Nahrung zu geben, ist die Botschaft aller wirklich spirituellen Lehren.

Geben soll ohne Bedauern und mit freudigem Herzen geschehen, weil das WEGGEBEN sonst seine wahre Bedeutung verloren hat.

Wal

In Deinem Rufe schwingen
Geheimnisse alter Jahrhunderte.

Der Wal ist wie eine schwimmende Bibliothek. Er trägt die Geschichte von Mutter Erde in sich.

Menschen mit der Kraft des Wals sind so veranlagt, dass sie verstehen, wie bestimmte Tonfrequenzen aus dem Gedächtnis uralten Wissens Erinnerungen abrufen können. Sie sind gewöhnlich hellhörig. Meistens sind sie auch psychisch sehr weit entwickelt und telepathisch begabt. Sehr häufig sind sie sich ihrer Begabungen nicht bewusst, sondern werden erst dazu geweckt, wenn es Zeit ist, die alten Erinnerungen wachzurufen und die Geschichte ihrer Seele weiter zu verfolgen.

Wapiti

Die Wapiti-Kraft lehrt uns, das eigene Tempo zu finden und so ein ausgeprägtes Durchhaltevermögen zu gewinnen. Sie sind nicht die ersten, die ein Ziel erreichen, aber sie kommen an, ohne ausgebrannt zu sein.

Wiesel

Bist das im Hühnerstall Du?
Wenn ich Dich fragen könnte,
Würdest Du sagen,
Es war die Kuh.

Das Wiesel verfügt über eine ungeheure Energie und großen Einfallsreichtum. Das Wiesel schaut hinter die Masken und erkennt mit einem Blick die vielen Verästelungen, die zu einem Ereignis gehören.

Menschen mit Wiesel-Kraft haben eine scharfe Beobachtungsgabe.

Wer über die Wiesel-Kraft verfügt, kann vielleicht seine verborgenen Begabungen für das Wohl aller einsetzen.

Achten wir darauf, wer oder was Aufmerksamkeit nötig hat oder Hilfe bei der Lösung von Problemen benötigt. Bieten Sie Ihre Hilfe auf Ihre eigene stille und diskrete Art an.

Wolf

Wölfe haben einen enormen Familiensinn, aber auch einen großen Drang nach individueller Betätigung. Diese Eigenschaften verbinden den Wolf sehr mit dem Menschen. Auch wir sind in der Gesellschaft verankert und suchen unsere individuelle Freiheit, unsere Wahrheit und unsere wahre Liebe.

Mit der Wolfs-Eigenschaft ist der Mensch fähig, seine persönliche Kraft anderen mitzugeben. Während wir das Gefühl haben, dass der Wolf in uns lebendig wird, möchten wir Wissen mitteilen, indem wir unterrichten oder schreiben – und zwar Dinge, die anderen helfen. Das Menschheitsbewusstsein erreicht neue Höhen, wenn die Menschen die großen Wahrheiten miteinander teilen. Der Wolf sagt Ihnen möglicherweise auch, dass Sie einen einsamen Platz aufsuchen sollten, wo Sie dem inneren Lehrer begegnen können. In der Einsamkeit eines energiegeladenen Ortes können wir, fern von allen anderen Menschen, dem eigenen wahren Selbst begegnen.

V.

Tierernährung

Wenn die Bibel in ihrer Vision Recht behält, wonach eines Tages „der Löwe neben dem Lamm liegen wird", dann muss das Töten und Gefressenwerden, sowohl von Tieren in ihrem eigenen Reich als auch das Erlegen und Schlachten seitens der Menschen, einmal ein Ende haben. Vielleicht ist diese Vorhersage auf weitaus längere Zeitabschnitte angelegt; und wahrscheinlich ist es unrealistisch anzunehmen, die Menschen könnten alle ihre Hunde und Katzen in Kürze zu Vegetariern umerziehen. Aber es muss der Gedanke erlaubt sein, ob in Hinsicht auf die Ernährung von Haustieren ein Umdenken einsetzen sollte. Sobald der Mensch auf die Welt kommt, verlangt er nach Nahrung, um sein physisches Überleben zu sichern. Ohne eine ausreichende Ernährung kann die körperliche Form nicht am Leben erhalten werden, weshalb auch kein biologisches und geistiges Wachstum möglich wäre. Die körperliche Hülle fordert ihr Recht, doch gleichzeitig bedarf ein menschliches Lebewesen, in der Regel durch Stillen und Füttern, der seelischen Zuwendung.

Ein Erdenkind allein nur mit ausreichenden Mengen an Nahrungsmitteln zu versorgen, hält es zwar am Leben, doch macht es noch nicht zu einem menschenwürdigen Geschöpf. Dazu bedarf es zusätzlich der liebevollen Zuwendung, um auch seine geistig-seelischen Aspekte auszubilden. Nahrung ernährt zwar das körperliche Kind, Liebe jedoch das „spirituelle Kind". Menschen wie Tiere haben die Möglichkeit und die Aufgabe, in ihrer Inkarnation zu wachsen und ihr inneres Wesen zu entfalten. Dabei ist es unbestritten, dass der Mensch, aufgrund seiner höheren Wesensglieder, größere Entfaltungsmöglichkeiten als das Tier hat. Von ihrer grundsätzlichen Herkunft jedoch sind beide Geschöpfe Gottes. Ihre Ernährung wird ihnen selbstverständlich nicht ihre Lebensaufgaben abnehmen, doch sie vermag den Weg zu erleichtern. Eine gesunde, fleischlose, energetisch ausgewogene Ernährung wird für die meisten Menschen eine gute Basis sein, um in einem gesunden Körper die anstehenden Reifeprozesse zu durchlaufen. Für das Tier gilt das Gleiche, jedoch unter der Berücksichtigung seiner individuellen Bedürfnisse. Unabhängig von der Art der Ernährung, sollte die Versorgung des Tieres jedoch stets liebevoll und unter Beachtung der besten Qualität für die ‚jüngeren Geschwister des Menschen' erfolgen. Ein liebloses Verhalten diesen „Geringsten im Reiche Gottes" gegenüber, wird der Mensch eines Tages wieder ausgleichen müssen.

Wenn sich im gesellschaftlichen Bewusstsein die Erkenntnis durchsetzt, dass auch Tiere unsterblich sind, also ebenfalls feinstoffliche Wesensglieder besitzen, die nach dem Ablegen der physischen Hülle fortbestehen, dann wird der Mensch vielleicht verstärkt darauf achten, auch für seine Tiere eine Ernährung zu wählen, welche diesem Umstand Rechnung trägt. Ein Tier, das ständig nur mit rohem, noch blutigem Fleisch gefüttert wird, zeigt in der Regel auch noch starke ‚wilde Eigenschaften'. Es wird daher eine längere Wegstrecke zurückzulegen haben, um auf seinem evolutiven Weg eine höhere Stufe zu erlangen. Dem Menschen, seinem Herrchen oder Frauchen, kommt daher eine nicht unerhebliche Verantwortung zu, denn die Hunde oder Katzen kaufen sich ihr Futter ja nicht selbst im Supermarkt. Hier sind Achtsamkeit und kreatives Mitdenken gefragt.

Ein hungriger Hund isst praktisch alles. Sein Überlebensinstinkt zwingt ihn dazu. Unabhängig davon, wäre es nicht realistisch, von allen Hunden zu erwarten, dass sie in kurzer Zeit von einer vegetarischen Kost leben können. Aber eine schrittweise Veränderung werden die meisten Haustiere ohne Probleme mittragen. Es ist, dafür gibt es mittlerweile zahlreiche Belege, durchaus möglich, den Fleischanteil im Hundefutter teilweise durch Vollkornkost zu ersetzen. Der Hund spürt unbewusst, dass ihm diese Ernährung in seiner Entwicklung hilft. Zugleich wird er, aufgrund einer Wesensverfeinerung, sein Verhältnis zu seinem Herrchen oder Frauchen verbessern, es mit mehr Liebe und Zuwendung erfüllen. Eine Ernährung, die unter dem Prinzip „Liebe zum Leben" erfolgt, bewirkt auch allmählich eine stärkere Manifestation dieser Werte im Wesen des Tieres.

Hunde sind auf den engen Kontakt zum Menschen angewiesen. Ohne dieses vertraute, enge Band werden sie seelisch und körperlich krank. Hunde spiegeln in vielen Fällen die menschlichen Stimmungen beziehungsweise den menschlichen Charakter wider. Interessante Erfahrungen diesbezüglich berichtet Michaela Stein in ihrem faszinierenden Buch „Edelstein-Therapie für Hunde".

Tiere trauern mit dem Menschen, und sie leiden mit ihm, wenn er sich selbst ‚nicht leiden' kann. In ihrer Anteilnahme sind sie spontaner und ehrlicher als die meisten Menschen. Sie spüren ohne Arg jede Wärme, jede Liebe und jedes Vertrauen, das ihnen entgegengebracht wird. Und sie geben es zurück! Auch in der Nahrung spüren die Tiere diese Qualitäten, sowohl was die Produkte, vor allem aber was die Zubereitung anbelangt. Auch ein Tier spiegelt dem Menschen seinen inneren Zustand. Ist er selber liebevoll und mitfühlend, überträgt er, bis zu einem gewissen Grad, diese positiven Eigenschaften auf die Tiere, die in seinem Haushalt mit ihm leben. Die Übertragung positiver menschlicher Qualitäten auf die Tiere bildet die Grundlage für eine Veränderung ihrer Ernährung. Die liebevolle Grundausrichtung ist ein entscheidender Baustein hin zu einer zunehmend fleischärmeren Ernährung, wobei zur guten Absicht ein wenig Phantasie und Einfühlungsvermögen kommen sollte. Man mag sich daran erinnern, dass Yogananda in seiner berühmten „Autobiographie eines Yogi" den Fall eines großen Yogis berichtet, der mit einem zahmen, vegetarischen Tiger durch das Land zog.

Weniger Fleisch allein ist noch kein Erfolgsrezept. Die Zusammenstellung des Futters sollte vorwiegend auf Getreidekost basieren und die Zubereitung den individuellen Geschmackssinn des Tieres berücksichtigen. Folgende Grundzutaten sollte man beispielsweise für eine weitgehend vegetarische Hundenahrung heranziehen:

1) Der überwiegende Futteranteil sollte aus Vollkorn-Getreideprodukten bestehen.

2) Damit der Milchanteil nicht zu hoch wird, fügt man dem Futter einen Anteil Sojaprodukte hinzu.

3) Der Fleischanteil wird von Monat zu Monat reduziert.

4) Die lebenswichtigen Eiweißstoffe erhält der Hund vorwiegend aus Ziegenmilch-Produkten, da deren Inhaltsstoffe energetisch denen von Fleisch entsprechen. Schaf- und Kuh-Milch sind ein möglicher, aber nicht gleichwertiger Ersatz.

5) Gemüse und Obst können je nach Vorlieben des Tieres variieren.

6) Als Leckerei zwischendurch kann man, in Maßen, Walnüsse ins Futter geben.

7) Viele Hunde lieben eine warme, schmackhaft zubereitete Kartoffelmahlzeit.

8) Wenn einmal die Zeit für die persönliche Zubereitung des Hundefutters fehlt, kann man mit gutem Gewissen auf die Produkte der Firma: Yarrah Organic zurückgreifen (Organic Vegetarian Multi Doc Biscuits und Organic Vegetarian Duo Snacks).

Es soll hier nicht der bevormundende Versuch unternommen werden, eine Art Patentrezept vorzulegen. Jeder Haustierhalter, der mit Kreativität, Achtsamkeit und Einfühlungsvermögen auf seine Haustiere eingeht, wird schon bald ein Gespür dafür bekommen, auf welchen tier-gerechten Wegen er seine vierbeinigen Lieblinge allmählich zu einer fleischärmeren Kost erziehen kann. Die Tiere werden selber zu verstehen geben, was ihnen schmeckt und was ihnen bekommt. Der Gewinn dieser liebevollen und bewussten Ernährung wird sich schon bald auf physischer Ebene (Vitalität, gesundes Fell und gesunde Zähne), aber auch auf seelischer Ebene (ein harmonisches Miteinander von Tier und Mensch) zeigen. Die Tiere werden geistig wacher und reagieren sensibler in ihrem Zusammenleben mit Herrchen oder Frauchen.

Eine persönliche Geschichte mag das Dargelegte lebendig unterstreichen. Sie handelt von meinem Berner Sennhund Simba:

Simba kam mit einem Jahr zu mir. Er war damals ein extrem ängstlicher Hund. Sobald er allein sein musste, reagierte er ausgesprochen aggressiv. Von Anfang an kümmerte ich mich um Simbas Ernährung genauso sorgsam wie um meine eigene. Nach etwa vier Monaten völlig fleischloser Kost hatte ich einen glücklichen, vertrauensvollen Hundegefährten gewonnen. Seine Seele war endlich auch gesättigt und leitete seine Instinkte auf eine viel feinere Art und Weise.

Simba ist heute sieben Jahre alt. In all den Jahren war er nie krank. Im Gegenteil! Eine sich gerade bei dieser Hunderasse schön früh abzeichnende Krankheit der Hüftknochen ist heute

124

völlig ausgeheilt. Was ein guter Beweis für Simbas gesunden Stoffwechsel ist.

Simba ist trotz seines nicht mehr ganz jugendlichen Alters ein einziges Energiebündel. Ich sehe in ihm eine geballte Lebensfreude! Gleichzeitig ist er so zärtlich, vorsichtig und mitfühlend wie ein guter Menschenfreund. Und er riecht beim Schmusen nicht! Er ist gehorsam und folgt auf Zuruf, selbst dann, wenn ein Tag einmal nicht nach seiner Hundenase verläuft. Er scheint innerlich das, was geschieht, vorbehaltlos zu akzeptieren. Er folgt dabei nicht aus blindem Gehorsam – sondern aus VERTRAUEN. Simbas wache Augen (niemand kann seinem Charme widerstehen!) und seine sich an alle Menschen verströmende Freundlichkeit legen Zeugnis dafür ab, bis zu welchem Grad sich eine Hunde-Persönlichkeit seelisch entwickeln kann.

Menschen und Tiere befinden sich beide auf dem Rückweg zu jener GÖTTLICHEN QUELLE, aus der sie einst ihren Ausgang nahmen. Vielleicht nicht zur selben Zeit und vielleicht nicht auf dieselbe Art und Weise – aber nicht grundsätzlich verschieden in ihrem innersten Wesenskern. Eines Tages werden beide, vielleicht nicht zur selben Zeit und vielleicht nicht auf dieselbe Art und Weise – in diese GÖTTLICHE QUELLE zurückkehren. Nicht mehr als unbewusste Lebensfunken, sondern als bewusste, erwachte göttliche Geschöpfe – als Botschafter der Liebe!

VI.

Tiere als Heiler und Helfer

Es mag im ersten Augenblick vielleicht verwundern, wenn man Tiere als „Helfer und Heiler" des Menschen bezeichnet, aber diese Wertschätzung ist völlig angebracht. Es gibt inzwischen zahllose Untersuchungen aus allen Teilen der Erde, die darüber Zeugnis ablegen. Dazu gehören etwa die geradezu wunderbaren Heilerfolge von erkrankten oder verhaltensgestörten Kindern, die mit Delphinen im Wasser spielen durften. Es scheint so, als würde etwas von der Lebensfreude und Spielfreudigkeit dieser Tiere auf die Kinder übergehen.

In einer deutschen Schule schloss eine Lehrerin kürzlich ein Experiment mit einer Klasse schwer erziehbarer Schüler denkbar erfolgreich ab, indem sie in den Unterricht jeweils zwei große Schäferhunde mitbrachte. Die Schüler änderten ihr Verhalten nicht etwa aus Angst vor den Tieren, sondern sie entwickelten ein solches soziales Verhalten zu ihnen, dass aufgrund dieser veränderten Einstellung ein völlig neues, überaus harmonisches Klima in der Klasse entstand.

Die Tiere leben in einer Welt mit den Menschen. Sie sind Geschöpfe, die eine eigene Botschaft zu verkünden haben, und viele erkrankte oder gestörte Menschenseelen können Heilung finden, wenn sie sich auf die natürliche Ordnungskraft der Tiere einlassen. Jedes Tier schöpft aus einer bestimmten Quelle der Kraft und ist völlig selbstlos bereit, dieses Kraftfeld mit dem Menschen zu teilen. Wenn der Mensch sich darauf einlässt, erhält er kostenlos eines der besten Heilmittel, das es auf Erden gibt. Die Medizin der Tierliebe!

Aus der Verbindung zu seinen Haustieren könnte der Mensch wertvolle Lektionen lernen, wenn er sich diesen mit Ehrfurcht und Intuition nähern würde. Es sind Lektionen über Mitgefühl, Verletzbarkeit und ein ganzheitliches Denken. Die Liebe zu den Tieren öffnet auf leichtere Art und Weise als andere Lernaufgaben des Daseins das Tor zum Verständnis der Einheit allen Lebens. Alle Bausteine des Erdenlebens, von den untersten Elementarreichen bis zu den höchsten Gipfeln des Geistes, sind in ihrer Essenz gleichartig. Sie alle tragen die schöpferische Potenz des WELTGEISTES. Mit einem erwachten Bewusstsein könnte der Mensch diese große EINHEIT DES LEBENS auch in der Verbindung mit Mineralien oder Pflanzen erfahren, aber in der Regel fällt es ihm über das Phänomen der Tierliebe leichter. Tiere ermöglichen ihm die Erfahrung wahrer Freundschaft – als Gebender und als Empfangender!

Neben der liebevollen Komponente offenbaren auch viele Tiere, hier vor allem die Hunde, die Qualität des Beschützens und Bewachens. Schon seit dem frühen Altertum kam dem Hund diese Rolle zu, weshalb er in den alten Hochkulturen geschätzt und verehrt wurde. Selbst im heutigen Sprachgebrauch gibt es das liebevoll gemeint Kompliment, wenn es heißt, jemand sei ein „treuer Hund". Das zeigt zwar nicht mehr die einstige geistige Bedeutung des Hundes als Hüter von Geheimnissen oder als Wächter des Höllentores, doch vielleicht ist diese Rolle gegenwärtig nur noch in Harry-Potter-Romanen von Bedeutung. Aber auch heute noch wissen gerade Hunde das Vertrauen, was in sie gesetzt wird, sehr zu schätzen. Und welches Kind ist in den sechziger und siebziger Jahren nicht mit den liebevollen Abenteuern des Collies „Lassie" und des Schäferhundes „Rin-Tin-Tin" aufgewachsen. Wenn man diese archetypischen Hundefiguren mit den Comic- oder Fernseh-Figuren des 21. Jahrhunderts vergleicht, könnte man, ohne auf eine billige Verklärung der Vergangenheit zu verfallen, doch von einer gewissen unübersehbaren Verrohung oder geistigen Verarmung sprechen.

Haustiere tragen in den allermeisten Fällen in sich einen „guten Geist". Diesen verwirklichen sie in ihrem eigenen Tierreich, aber sie vermögen ihn auch auf andere Geschöpfe, vor allem auf Herrchen und Frauchen, auszustrahlen und sogar in ihnen zu erwecken. So kann der Mensch in der Beziehung zu seinem Haustier eine wundervolle Lektion von Treue, Vertrauen, Hingabe und Liebe lernen, die beiden hilft, einen entscheidenden Schritt voran zu machen auf dem Rückweg in eine lichtere Daseinsform.

VII.

Schlusswort

Es dürfte in den vorangegangenen Kapiteln deutlich geworden sein, wie eng das Band zwischen Mensch und Tier geknüpft ist. Wenn auch in ihrer geistigen Entwicklung unterschieden, so sind Tier und Mensch doch aus derselben göttlichen Quelle allen Lebens hervorgegangen und in der großen EINHEIT DES SEINS untrennbar miteinander verbunden. Alle großen Weisen und erleuchteten Lehrer der Menschheitsgeschichte bekannten sich zu der „Goldenen Kette", wonach immer das höherstehende Wesen in der Evolution dem unter ihm heranreifenden Schutz und Hilfestellung bietet. So wie die Menschen von den großen Gottesboten ihre Inspiration und Führung empfingen, so sollen sie selber diese Rolle für die ihnen anvertrauten Tiere übernehmen. Mit der einen Hand ,von oben' empfangen, mit der anderen Hand ,nach unten' weiterschenken. Diese „Goldene Kette" ist eine Kette der Liebe, und wer sie unterbricht, etwa durch Grausamkeit, versündigt sich im wahrsten Sinne des Worte gegen die Schöpfung. Das Wort „Sünde" kommt von „sondern", und der „Sünder" – im spirituellen, nicht im kirchlichen Sinne – sondert sich ab aus dem Strom des Lebens. Er muss erst wieder aus dieser Absonderung zurückfinden, gleich dem „verlorenen Sohn" im Gleichnis Jesu, um erneut an den göttlichen Segensstrom angeschlossen zu werden. Tiere sind keine „Sachen", sie sind dem Menschen anvertraut, um sie in Liebe und Achtsamkeit zu leiten und ihnen auf ihrem Entwicklungsweg zur Seite zu stehen. Kaum ein anderer spiritueller Lehrer der Neuzeit hat dies so bewegend deutlich gemacht wie Krishnamurti, weshalb ihm das Schlusswort gewidmet sein soll.

Krishnamurti, der ansonsten nie den Satz „Du sollst nicht" gebrauchte, sondern die Menschen, ähnlich wie einst Sokrates, durch eigenes inneres Erkennen zu lehren versuchte, zeigte eine kompromisslose Konsequenz, wenn es um den Schutz der Tiere ging. Eine Bezugnahme auf die alttestamentarische Ethik des „Macht-Euch-die-Erde-untertan" stellte für ihn die Perversion des Schöpfungsgedankens dar. Schlachten, Jagen und Vivisezieren betrachtete er geradezu als Entartung des menschlichen Wesens und als grausames Fanal der in die Irre gegangenen Menschheit.

In einem seiner „Briefe an die Schulen", in denen er jungen Menschen eine verantwortungsvolle Lebensführung ans Herz legen wollte, schreibt Krishnamurti am 1.2.1980 über Grausamkeit: „In westlichen Ländern sieht man, wie Vögel sorgsam gepflegt werden und später im Jahr als Sport geschossen und dann gegessen werden. Die Grausamkeit des Jagens, des Tötens kleiner Tiere, ist Teil unserer Zivilisation geworden, wie

Krieg, wie Folter und wie Terrorismus und Entführungen. In unserer intimen, persönlichen Beziehung besteht auch sehr viel Grausamkeit, Wut und gegenseitige Verletzung. Die Welt, in der wir leben, ist ein gefährlicher Ort geworden, und an unseren Schulen muss jede Form des Zwanges, der Bedrohung, der Wut völlig und vollständig vermieden werden, denn all das verhärtet das Herz und den Verstand, und Zuneigung kann mit Grausamkeit nicht gleichzeitig bestehen."[1] Hier wird deutlich, dass Krishnamurti alles Leben als eines ansah und das Verhalten einer Spezies gegenüber nur im Detail das spiegelte, was im Ganzen vorhanden war. Grausamkeit kann nicht gewissermaßen parzellisiert werden, sie ist entweder im ganzen Wesen vorhanden, unteilbar, oder sie ist vollständig überwunden. Allein auf ihre vollständige Überwindung muss menschliches Bemühen ausgerichtet sein. Wie hilfreich dabei für Heranwachsende Tiere sein können, hat das vorstehend erwähnte Beispiel mit den schwer erziehbaren Schulkindern und den Schäferhunden gezeigt. Kinder und Jugendliche können über Tiere auf natürlichere Weise zu der in ihnen angelegten Fähigkeit des Mitgefühls und der Liebe finden als über Menschen, mit denen sie häufig in einer Konfliktsituation stehen. Daher sollte der Respekt vor den Tieren möglichst früh in den Unterricht eingebaut werden – wozu es allerdings einer Lehrerschaft bedarf, die selbst über diese Fähigkeit verfügt!

Wie tief Krishnamurti der Riss in der Einstellung des Menschen zur Natur und zum Tierreich beschäftigte, wird daraus ersichtlich, dass er bereits in seiner ersten Eintragung in seinem letzten „Tagebuch" dieses Thema aufgreift. Jene in einem fast meditativen Bewusstsein geschriebenen bewegenden Sätze kla-

---

1 Krishnamurti, Erziehung zur Kunst des Lebens, Heidelberg 1988, S. 157

133

gen nicht attackierend an, sondern sie berühren den innersten Wesenskern jedes Menschen. Diese wenigen Sätze, in ihrem innersten Charakter an die „Bergpredigt" erinnernd, stellen nicht nur einen Aufruf an den Einzelnen dar, sie enthalten de facto ein ganzes gesellschaftspolitisches Manifest. Es sind Worte, die in der Stille aufgenommen und verstanden werden wollen. „Es ist merkwürdig, dass wir kaum eine Beziehung zur Natur haben, zu den Insekten, zu dem hüpfenden Frosch und dem Uhu, der in den Hügeln nach seinem Weibchen ruft. Wir scheinen überhaupt kein Gefühl für das Lebendige auf dieser Erde zu haben. Wenn es uns gelänge, eine tiefe, eine bleibende Beziehung zur Natur herzustellen, würden wir nie ein Tier töten, um unsere Esslust zu befriedigen. Wir würden nie einem Affen, einem Hund, einem Meerschweinchen etwas zuleide tun, sie nie vivisezieren, damit es uns gut geht. Wir würden andere Wege finden, um unsere Wunden zu heilen, unsere Körper gesunden zu lassen. Aber es ist etwas ganz anderes, den Geist zu heilen. Diese Heilung stellt sich ganz sachte ein, wenn man mit der Natur lebt, – mit der Orange am Baum und mit dem Grashalm, der sich durch den Zement zwängt, mit den wolkenverhangenen Hügeln."[2] Um diese Fähigkeiten zurück-zuerlangen, muss der Mensch lernen, wieder in die Stille zu gehen, allein zu sein, die Einsamkeit zu suchen. Nur so kann es ihm gelingen, die Verbindung zu jener Einheit des Lebens wiederherzustellen, die ihm einst verlorengegangen ist. Dann erst werden auch die Tiere wieder in völligem Vertrauen auf die Menschen zugehen und in jener Symbiose mit ihnen leben, die im großen Plan des Lebens vorgesehen ist. Dann ist vielleicht auch jener Tag nicht mehr fern, an dem „der Löwe und das Schaf friedlich nebeneinander liegen werden".

---

2 Krishnamurti, Selbstgespräche, Grafing 2006, S. 8 f.

Wir danken folgenden Verlagen für eine
Abdruckgenehmigung:

Kap. II:
Sylvia Barbanell, *Wenn Deine Tiere sterben*,
© Artha Verlag, Oy-Mittelberg

Kap. IV:
Jamie Sams/David Carson, *Karten der Kraft*,
© Windpferd Verlag, Aitrang

DIE AUTORIN:

Gertraud Radke hat sich über viele Jahre internationale Anerkennung als Ernährungs-Heilpraktikerin erworben. Ihre revolutionären Einsichten sind unter dem Titel „Die geheimnisvolle Heilkraft der energetischen Küche" im DroemerKnaur Verlag erschienen. Sie leitet das „Gut Rineck", ein nach modernsten ökologischen Grundsätzen geführtes Zentrum im Odenwald. Dort können Besucher, Erholungs- und Heilungssuchende an folgenden Seminarprogrammen teilnehmen:

1) Gesprächskreise über gesunde, ganzheitliche Ernährung und eine bewusste Lebensführung
2) Praxiskurse über bewusstes Kochen und Essen
3) Meditationskurse (Einzelheiten auf Anfrage)
4) Lesungen und Diskussionsrunden

Anfragen richten Sie bitte an:
Gertraud Radke
Feriendorf Nr.99
69429 Waldbrunn
Tel. 06275-919366
(von 8.00 bis 9.00 Uhr und von 18.00 bis 20.00 Uhr)
Fax.06275-919333

Gertraud Radke

Ernährung im Gleichgewicht

Energetische Küche für Körper, Geist und Seele

163 Seiten, Verlagsgruppe DROEMER KNAUR, broschiert
ISBN 978-3-42687-351-9

Als Ernährungsheilpraktikerin hat Gertraud Radke über Jahrzehnte Menschen im deutschsprachigen Raum sowie in Kanada und in den USA die heilende Kraft einer ausgewogenen pflanzlichen Ernährung vermittelt. Ihre Erfahrung floss in ebenso köstliche wie energie- spendende Rezepte ein. Ihre Reisdiät ist bis heute einzigartig: Hier kommen die kräfteraubenden Gegensätze, die unser Leben auf allen Ebenen – Tag und Nacht, Liebe und Haß, Wärme und Kälte – und auch in den plus- und minuspoligen Schwingungskräften unserer Nahrungsmittel bestimmen, zu vollkommener Ruhe. Blockaden lösen sich auf, neue körperliche und geistige Energien beginnen zu fließen. Ein Strom belebender Vitalität weitet uns.

Heute – nach dem tiefen inneren Erleben, welche geistige Klarheit und Freiheit eine bewusste Ernährung im energetischen Gleichgewicht auslöst – will Gertraud Radke mehr: Mit diesem Buch lädt sie vor allem jene an den Tisch, deren Bedürfnis nach gesunder Ernährung die Tür zu einem bewussten, eigenverantwortlichen Sein öffnet. Auf Gertraud Radkes Seminaren lösen ihre Rezepte immer wieder Begeisterung aus – eine Ahnung für den Weg, der damit erstmals

URALTE WEISHEIT

Die wissenschaftliche Wahrheit
über den Menschen
im Diesseits und Jenseits

nach Annie Besant

Herausgegeben und kommentiert von Gertraud Radke

112 Seiten, Schirner Verlag
ISBN 978-3-89767-590-2

„Wer Angst hat vor dem Tod, hat Angst vor dem Leben".
Doch viele von uns scheuen bewusst oder unbewusst die Auseinandersetzung mit Sterben und Tod.

Der erste Schritt, um diese lähmende Angst zu überwinden, ist Wissen, ist Begreifen, was nach unserem körperlichen Tod mit uns geschieht. Verstehen ist die Voraussetzung für richtiges Denken und Verhalten, für eine freie Weltanschauung und ein materiell wie geistig erfolgreiches und zufriedenes Leben.

Eine der fundiertesten Arbeiten über das uralte Wissen um menschliches Sein im Diesseits und Jenseits ist sicherlich Annie Besant (1847 – 1933) zu verdanken.

Gertraud Radke

Das Leben nach dem Tod
aus der Sicht Emanuel Swedenborgs

Paperback, 168 Seiten
ISBN 978-3-89427-377-4

Emanuel Swedenborg gilt als einer der größten Mystiker der abendländischen Geistesgeschichte!
Mit dieser sorgfältig ausgewählten Textsammlung liegt erstmals ein brillanter Überblick über seine wichtigsten Aussagen zum Leben des Menschen nach dem Tode vor. Es zeigt sich bei der Lektüre, welche überragenden Fähigkeiten Swedenborg besaß. Er war wahrhaft ein Bewohner zweier Welten – des Diesseits und des Jenseits!
Ergänzt wird die Werkauswahl durch eine tiefschürfende Studie zu Swedenborgs Biographie.
Ein Juwel der spirituellen Literatur! Ein völlig neuer Zugang zu einem klassischen Werk der Geistesforschung!